PLAN

D'ÉDUCATION.

IMPRIMERIE DE LACHEVARDIERE,

RUE DU COLOMBIER, 30.

PLAN

D'ÉDUCATION,

OU PROJET D'UN

COLLÉGE NOUVEAU,

PAR M. L'ABBÉ NICOLLE.

PARIS,

LIBRAIRIE DE CHARLES GOSSELIN,

RUE SAINT GERMAIN-DES-PRÉS, N° 9.

1834.

AVANT-PROPOS.

*

L'auteur de ce projet a consacré cinquante ans de sa vie à l'instruction publique.

Avant la révolution, il a été successivement maître d'études, maître de conférences et préfet des études dans la célèbre communauté de Sainte-Barbe, où il avait été élevé. Il a rempli ces diverses fonctions avec une espèce de fièvre du bien public, et avec un succès dont un grand nombre de ses disciples, encore vivans, n'ont point perdu le souvenir.

Forcé, en 1790, de quitter la France, il

trouva une seconde patrie en Russie. A
peine y était-il arrivé, qu'il obéit à une
vocation décidée; il forma à Saint-Péters-
bourg une maison d'éducation d'où sont
sortis la plupart de ceux qui occupent aujourd'hui les postes les plus importans de
l'empire. Des motifs honorables le déter-
minèrent à céder cet établissement à des
ecclésiastiques qui se chargèrent de le per-
pétuer. Mais toujours dominé par sa pas-
sion pour l'instruction publique, il s'as-
socia aux nobles intentions de M. le duc
de Richelieu, qui voulait transporter à
Odessa l'enseignement classique de la
France. Il rédigea, à cet effet, le plan d'un
collége qui devait être un des plus beaux
de l'Europe. Il fit plus; il se chargea de le
fonder lui-même, de le diriger; et, dans
l'espace de quelques années, le Lycée Richelieu atteignit un degré de prospérité à
peine croyable.

Revenu dans sa patrie, en 1820, il ré-
sista à la tentation des places importantes

que l'amitié d'un ministre puissant lui assurait dans la carrière ecclésiastique ; il aima mieux ne pas sortir de celle où sa vieille expérience lui permettait l'espoir d'être plus utile. Nommé, peu de temps après son retour, membre du Conseil de l'Instruction Publique, et ensuite recteur de l'Académie de Paris, il se livra à ces doubles fonctions avec toute l'ardeur de son zèle accoutumé, et il croit pouvoir ajouter que ce zèle n'a pas été stérile. La restauration de la Sorbonne, qui devint par ses soins le chef-lieu de l'Académie de Paris ; l'établissement du concours de l'Agrégation auquel il a puissamment contribué ; les améliorations dont plusieurs colléges furent redevables à la confiance qu'il avait inspirée à la ville de Paris ; la fondation du collége de Sainte-Barbe, aujourd'hui collége Rollin, qu'il a doté de sages institutions, tout cela lui permet d'espérer une place parmi ceux qui ont bien mérité de l'Instruction Publique.

En 1830, il a cessé d'être membre du conseil de l'Université; mais son zèle pour la prospérité de l'éducation publique n'en a pas été refroidi. Il n'a pas cru devoir accepter les loisirs qu'on lui a faits. Il a repris son projet de collége particulier, dont il a toujours été occupé. Il l'a perfectionné d'après ses observations multipliées, d'après des essais répétés depuis plusieurs années, et il le présente ici avec quelque confiance. Son intention n'était pas qu'il fût publié de son vivant; mais le moment approche où la promesse de la liberté de l'enseignement sera réalisée. Tous les amis de la jeunesse vont sans doute s'empresser d'offrir le tribut de leur expérience, et il n'a pas cru devoir différer le sien, heureux si cet emploi de ce qui lui reste de forces peut être utile à son pays.

PLAN DU COLLEGE.

CHAPITRE Iᴱᴿ.

Organisation générale du Collége.

SECTION I.

BUT SPÉCIAL DU COLLÉGE.

*

Le but spécial du collége sera d'offrir une école qui réunisse tous les avantages de l'éducation publique et de l'éducation particulière, sans avoir les inconvéniens ni de l'une ni de l'autre.

Un établissement de ce genre est réclamé par beaucoup de pères de famille qui redoutent les colléges, mais qui sentent vivement l'insuffisance de l'éducation domestique; ils voudraient qu'on bâtît tout exprès un collége particulier, où l'on ne reçût point d'externes, autant pour soustraire les élèves aux influences étrangères, que pour assurer dans la maison une constante uniformité de principes et d'exemples; un collége où la discipline ne souffrît point du trop grand nombre des élèves, et où cependant ils fussent assez nombreux pour que l'émulation, qui est la vie des études, y fût suffisamment entretenue; un collége où l'on n'admît les enfans qu'au moment où cesse l'éducation des mères, afin que leur éducation classique commençât et finît dans la même maison; un collége qui fût divisé en deux colléges entièrement distincts, l'un pour les enfans depuis huit ans jusqu'à treize, l'autre pour les jeunes gens de treize à dix-huit ans, afin que ces deux âges si différens et dont le mélange offre tant d'inconvéniens, fussent constamment séparés l'un de l'autre; un collége enfin où le chef et les principaux fonctionnaires concourussent tous, dans une proportion déterminée, aux actes de l'administration, et formassent une association dont tous les membres seraient puissamment unis par une heureuse communauté d'intérêts.

Tel sera le collége projeté.

On n'y recevra point d'externes sous aucun prétexte; ainsi les parens n'auront point à craindre un mélange qui a toujours ses dangers, quelques précautions qu'on prenne pour les prévenir.

Le nombre des élèves sera fixé invariablement

à trois cents, partagés en dix classes. La discipline et l'instruction s'accommodent également de ce nombre. S'il était plus considérable, il serait difficile aux maîtres d'études de suffire à tous les détails de la surveillance; s'il était moindre, on ne pourrait espérer de faire naître et d'entretenir dans les classes cette émulation qui assure le succès de l'enseignement, et sans laquelle tout languit.

On n'y admettra point d'enfans qui aient plus de huit ans accomplis. Tous partiront ensemble du même point, tous arriveront ensemble au même terme. L'heureuse uniformité de principes et de méthode établie dans le collége ne sera point troublée par de nouveaux élèves, arrivant dans les diverses classes à diverses époques, formés d'après d'autres principes, et instruits d'après d'autres méthodes.

Le collége sera distribué de manière qu'une moitié sera exclusivement destinée, sous le nom de *petit collége*, aux cinq classes inférieures, savoir : la huitième, la septième, la sixième, la cinquième et la quatrième ; et l'autre moitié, sous le nom de *grand collége*, aux cinq classes supérieures, savoir : la troisième, la seconde, la rhétorique et les deux années des sciences.

Enfin, les principaux fonctionnaires formeront

un conseil d'administration sous la présidence du chef, et s'assembleront à des époques fixes pour délibérer sur les intérêts de la maison, régler les comptes et préparer le budget. Ils constitueront, à proprement parler, le collége : ils seront tous intéressés à faire du succès de la maison leur affaire propre, et ainsi leur intérêt particulier sera pour l'établissement une garantie de prospérité et de durée.

Le collége ne sera formé que successivement, comme on le voit. Il ne comprendra, la première année, qu'une seule classe, celle de huitième. On en ajoutera une chaque année, jusqu'à ce que l'établissement soit parvenu à son entier développement. Cette organisation progressive offrira un grand avantage. Les trente élèves admis tous les ans suivront les exemples de ceux qui les auront devancés. Les professeurs et les maîtres qu'on appellera chaque année, et pour le choix desquels on aura eu tout le temps nécessaire, entreront avec empressement dans un ordre de choses qu'ils trouveront établi. Ainsi le collége croîtra et s'affermira sous la constante influence d'un même esprit; ainsi se formera cette tradition de doctrines, de sentimens, d'usages, qui fait la prospérité des maisons d'éducation.

SECTION II.

LOCAL ET DISTRIBUTION DU COLLÉGE.

*

Le collége sera placé à la campagne, où la pureté de l'air exercera une heureuse influence sur la santé des élèves.

La campagne dont on aura fait choix sera à une petite distance de Paris. L'établissement, ainsi rapproché de ce centre des hautes études, pourra s'associer aux progrès des sciences. En s'éloignant trop de Paris, il serait à craindre que l'on ne pût trouver les maîtres d'art et d'agrément, qui ne feront pas partie de la maison, mais dont le concours est indispensable pour l'application complète du système d'éducation qui doit y être mis en pratique.

Le collége sera élevé sur un emplacement vaste,

aéré, où ses bâtimens pourront se développer à l'aise. Il sera isolé de toute autre habitation, au moyen de jardins, de vergers et de plantations d'arbres qui auront le double avantage de récréer les yeux et d'ajouter à la salubrité de l'air.

On se plaint généralement de la distribution vicieuse des colléges actuels, et ces plaintes sont fondées.

La plupart se composent de bâtimens qui ont été créés pour une tout autre destination, et auxquels on a ajouté des constructions nouvelles, successivement, sans ensemble, sans prévision de l'avenir, selon le besoin du moment, et dans les proportions mesquines que commandait l'exiguïté des terrains disponibles.

Les édifices même qui ont été construits pour servir de colléges sont loin d'offrir les avantages de distribution intérieure qui seraient désirables dans des établissemens de ce genre. Nos pères étaient moins exigeans que nous. Quand un collége se recommandait par de bonnes traditions, de saines doctrines, de fortes études, il ne leur venait guère à l'esprit de demander autre chose, et de s'inquiéter de la disposition matérielle de la maison.

Les pères de famille réclament quelque chose

de plus aujourd'hui. Ils comprennent toute l'importance d'une distribution intelligente dans un établissement d'éducation publique. Outre les garanties de salubrité qu'elle leur assure, ils sentent quel immense parti on en peut tirer pour le maintien de la discipline, et ils se plaignent de ne point voir les obstacles physiques opposés, avec leur efficacité certaine, à ces désordres que la plus active surveillance ne réussit pas toujours à prévenir.

C'est à ce besoin vivement senti, c'est à ces exigences si légitimes que l'on a cherché à satisfaire en proposant un plan de collége dont aucune maison d'éducation n'offre peut-être le modèle. Ce plan est le fruit de la vieille expérience de l'auteur et de l'habileté d'un des premiers architectes de Paris, M. Lusson, qui a bien voulu s'en occuper pendant long-temps, pour lui donner toute la perfection dont il était susceptible.

La maison sera composée de trois parties: d'une avant-cour, d'un corps de logis, et d'ailes adjacentes.

AVANT-COUR.

L'avant-cour se divisera en trois parties, l'avant-cour proprement dite, et deux cours latérales.

Au milieu du mur extérieur de l'avant-cour proprement dite sera la porte d'entrée, avec logement de portier de chaque côté.

La cour latérale à droite renfermera un bûcher, les fourneaux des bains et la buanderie.

La cour latérale à gauche renfermera une écurie, une remise et une vacherie.

CORPS DE LOGIS ET AILES ADJACENTES.

Le corps de logis formera un carré.

Le premier côté ou façade antérieure aura un soubassement, un rez-de-chaussée et trois étages.

Le second et le troisième côtés auront un rez-de-chaussée et trois étages.

Le quatrième côté sera au midi, et n'aura qu'un rez-de-chaussée, pour que la cour puisse recevoir les influences du soleil, et pour que l'air puisse circuler librement.

Il y aura deux ailes adjacentes à la façade antérieure, l'une à droite, l'autre à gauche. Toutes deux auront un rez-de-chaussée et un entresol.

Il y aura encore deux autres ailes attachées à la façade de derrière, l'une à droite, l'autre à gauche. Chacune d'elles n'aura qu'un rez-de-chaussée.

Le corps de logis et les ailes adjacentes formeront deux colléges entièrement séparés, et réunis seulement au centre.

SOUBASSEMENT.

Au centre, la cuisine avec ses dépendances.
A droite, des caves.
A gauche, des magasins.

REZ-DE-CHAUSSÉE.

Au centre de la façade antérieure, le réfectoire des professeurs. Au centre opposé, la chapelle.

A droite, pour le service du petit collége :

Le réfectoire des classes inférieures et un grand escalier ;

Les cinq classes de huitième, de septième, de sixième, de cinquième, et de quatrième ;

Une salle de retenue ; une salle de réunion, avec deux salles de répétitions ;

En outre, dans une des ailes adjacentes, les bains ; dans l'autre, une salle de dessin, et le logement de l'aumônier du petit collége.

A gauche, pour le service du grand collége :

Le réfectoire des classes supérieures et un grand escalier;

Les classes de troisième, de seconde, de rhétorique, et les deux classes des sciences;

Une salle de retenue, une salle de réunion, avec deux salles de répétitions;

En outre, dans une des ailes adjacentes, la lingerie; dans l'autre, une salle de dessin, et le logement de l'aumônier du grand collége.

PREMIER ÉTAGE.

Au centre, le parloir avec le logement du directeur, d'un côté; et tout ce qui concerne l'administration économique, de l'autre.

A droite, les deux dortoirs des classes élémentaires;

En outre, dans l'aile adjacente, l'infirmerie, divisée en deux parties, l'une pour le petit collége, l'autre pour le grand.

A gauche, les dortoirs des classes de troisième et de seconde;

En outre, dans l'aile adjacente, le dépôt d'habillemens et de chaussures.

SECOND ÉTAGE.

Au centre, la bibliothèque avec un cabinet d'histoire naturelle, d'un côté; et un cabinet de physique, de l'autre.

A droite, le logement du sous-directeur du petit collége, et les deux dortoirs des classes de sixième et de cinquième.

A gauche, le logement du sous-directeur du grand collége; les dortoirs de la classe de rhétorique et de la classe des sciences, première année.

TROISIÈME ÉTAGE.

Au centre, chambres d'arrêt, divisées en deux parties, l'une pour le petit collége, l'autre pour le grand.

A droite, logemens de professeurs; logemens de divers maîtres; dortoirs de la classe de quatrième.

A gauche, logemens de professeurs; logemens de divers maîtres; dortoir de la classe des sciences, deuxième année.

COUR INTÉRIEURE.

La cour intérieure sera divisée en deux cours,

l'une pour les récréations du petit collége, l'autre pour celles du grand. Elles seront l'une et l'autre séparées par une allée plantée d'arbres et réservée exclusivement pour les professeurs.

Dans chacune des deux divisions de la cour intérieure, en face de chaque classe, seront placées des latrines qui, par leur construction, formeront une espèce d'ornement, et par leur position seront très favorables à l'ordre.

Outre la cour intérieure, il y aura deux autres cours, l'une à droite, l'autre à gauche du corps de logis. Ces deux cours seront destinées à des exercices gymnastiques, dont l'utilité est reconnue, et qui ont été adoptés dans les colléges de Paris.

De cette manière, les élèves de chaque collége seront séparés, tant pour les classes que pour les récréations, pour les réfectoires, pour les dortoirs, pour les salles des divers exercices, pour les salles de retenue, pour les chambres d'arrêt, et même pour l'infirmerie.

Le principe de la séparation sera également appliqué, dans les dortoirs, aux élèves de chaque classe, qui auront chacun leur chambre particulière.

Pour mettre dans cette division l'unité qui en

fera le succès, le directeur sera au centre de l'établissement, afin qu'il en ait, sous son inspection immédiate, le mouvement entier. De plus, les sous-directeurs de chaque collége exerceront par une disposition semblable, sur la partie qui les concerne, la même surveillance que le directeur exercera sur l'ensemble. Enfin, les professeurs même et les maîtres dont les logemens domineront les cours s'associeront naturellement à cette surveillance, et ainsi tout le collége sera sans cesse sous les yeux de tous les fonctionnaires.

SECTION III.

FONDATION DU COLLÉGE, ET MOYENS D'EN ASSURER
L'EXISTENCE.

*

On ne demandera point la fondation du collége au gouvernement, sur qui pèsent déjà tant de charges; on aime mieux l'attendre de la bienfaisance de quelque homme riche, qui voudrait recommander son nom à la postérité, en l'associant à un établissement d'instruction publique. La plupart des colléges de France ont été fondés par des particuliers. Pourquoi ces beaux exemples ne seraient-ils pas renouvelés, dans un siècle où de si grandes fortunes offrent de si grands moyens de les imiter?

La dépense à faire ne serait pas aussi considérable qu'on le pourrait croire d'après l'étendue du plan indiqué. Les frais de construction et de premier établissement ne s'élèveraient pas à plus de 1,200,000 francs. Or, cette somme n'est pas au-dessus de certaines fortunes, ni le sacrifice au-dessus de certaines âmes. On sait ce que l'érection de l'hospice Beaujon a coûté de nos jours à son fondateur dont il immortalise le nom. On n'a point oublié M. d'Aligre, consacrant naguère près de 2,000,000 de francs à élever, dans la ville de Chartre, un hôpital dont pourrait s'honorer la munificence d'un roi. Si l'estime, si la reconnaissance de leurs compatriotes et de la postérité est assurée à ces hommes généreux qui ont ouvert des asiles à la pauvreté souffrante, d'honorables suffrages manqueront-ils à celui qui voudrait bien fonder de ses deniers le collége projeté, et acquérir ainsi le droit de donner son nom à un établissement qui ne serait peut-être pas sans influence pour l'amélioration de l'éducation publique dans sa patrie? La gloire attachée à une fondation de ce genre est une gloire noble et pure qu'ont recherchée les Richelieu et les Mazarin, ces hommes qui avaient fait de si grandes choses, et qui semblaient n'avoir pas besoin de ce nouveau titre aux hommages de la postérité.

L'homme de bien qui voudrait fonder cette

maison, outre la récompense immédiate qu'il trouverait dans une œuvre si louable, en pourrait recevoir encore une autre par la création d'un certain nombre de bourses à la charge du collége, qui resteraient à la nomination du fondateur pendant sa vie, et à celle de sa famille, après sa mort. Ce nouveau genre de propriété deviendrait pour lui une source de jouissances bien pures, et ne serait pas la partie la moins précieuse de l'héritage qu'il laisserait aux siens.

Quant aux moyens d'assurer l'existence du collége, une fois fondé, le collége ne les attendra que de lui-même; car on ne doit à une maison d'éducation que les bâtimens et les dépenses de premier établissement. Les dotations et les subventions destinées à entretenir et à soutenir un collége amènent presque toujours le relâchement. Le zèle se refroidit bientôt, s'il n'est animé par la nécessité du succès. On imposera donc au collége projeté l'obligation de pourvoir lui-même à sa prospérité, et il ne subsistera que du produit des pensions. Il ne faudra, pour cela, que porter le prix de la pension au *prix réel* des grandes institutions de Paris, où l'éducation de chaque élève ne coûte jamais moins de quinze cents francs, si l'on y comprend, comme on les y comprendrait, les frais de tout genre et l'habillement. Les recettes administrées, non pour le compte d'un seul, mais au profit de la maison, suffiraient non seulement pour les dépenses générales, mais encore pour les traitemens de tous les fonctionnaires, et pour la formation d'un fonds de réserve, dont un établissement d'éducation ne peut en aucune manière se passer.

Il est permis d'ailleurs de fonder de grandes espérances de succès sur la puissance et la fécondité du principe d'association qui, comme on l'a déjà vu, présidera à la création du nouvel établissement et sera la base de son existence. L'application de ce principe vivifiant doit lui assurer des ressources que ne peuvent guère trouver dans leur organisation les colléges actuels.

Dans ces établissemens on rencontre d'ordinaire peu d'unité, peu d'ensemble. Le chef n'a que des rapports très bornés avec les professeurs. Les professeurs, de leur côté, retranchés, chacun dans la spécialité de ses leçons, ne sont liés au chef, à la maison, à leurs collègues, que par des fonctions de quelques heures, après lesquelles ils restent complètement étrangers les uns aux autres, comme à tout ce qui concerne l'ordre intérieur, la discipline et l'administration. Les vices de cette organisation sont sensibles, même dans ces grands établissemens que le gouvernement a pris sous sa protection spéciale, et auxquels est attachée l'élite des maîtres; ils se manifestent avec des effets plus marqués encore dans les établissemens qui sont sous la dépendance des autorités communales, établissemens qui ont d'ailleurs à lutter contre les embarras de tout genre inhérens à leur position particulière.

Cette absence d'unité, ce défaut de concert, cette malheureuse tendance à s'isoler, à se concentrer chacun dans le cercle étroit de ses attributions, seront nécessairement, et par l'effet même de son organisation, bannis du collége projeté. Le principe d'association qui fera du chef et des principaux fonctionnaires une seule famille, garantit à l'établissement le concours zélé de tous ses membres les plus influens. Que ne doit-on pas attendre de la réunion d'hommes éclairés, liés par un intérêt commun et la solidarité des mêmes actes, se proposant le même résultat et le poursuivant avec un dévouement consciencieux et avec toute l'activité de leur esprit?

Mais il ne suffit pas, dira-t-on, de fonder l'établissement projeté, il faut encore lui assurer une existence légale; et comment y parvenir sous l'empire de la législation actuelle ? Cet obstacle a été prévu, et voici le moyen auquel on a pensé pour l'aplanir.

Dès que le collége sera complètement fondé, complètement organisé, prêt à ouvrir son enseignement, la propriété en sera offerte par le fondateur à la ville de Paris. Une pareille offre n'a rien d'insolite, et l'acceptation n'est pas non plus sans précédens. Elle sera d'autant moins douteuse dans cette circonstance, que, sans parler des considérations de dignité et d'intérêt général qui la motivent, on ne saurait craindre qu'elle devînt jamais onéreuse, ni qu'elle ajoutât de nouvelles charges aux charges de la commune.

Il est bien entendu que la donation du collége ne sera consentie au profit de la ville de Paris que sous la réserve expresse de respecter son organisation, et de n'y apporter aucun changement. Le titre de propriété ne créera donc à la commune donataire d'autre droit que celui de surveiller l'administration financière de la maison. Deux membres du conseil municipal seront en son nom délégués pour exercer ce contrôle. Ils assisteront à toutes les réunions des fonctionnaires de l'établissement, où il s'agira de discuter l'emploi des fonds, d'aviser à la création de ressources, de délibérer sur des mesures d'économie. Ce seront ces mêmes commissaires qui présenteront à l'approbation du conseil municipal, au commencement et à la fin de chaque année, l'état des dépenses proposées, et le compte des dépenses faites. Il est inutile de dire que la sanction du gouvernement deviendra dès lors nécessaire à ce compte, puisqu'il rentrera dans la catégorie des comptes des dépenses communales.

Ainsi le collége, sans sacrifier les gages de prospérité qu'il possède dans son organisation particulière, aura trouvé une existence assurée, une existence légale, sous le patronage d'une grande cité, et il offrira les garanties que le gouvernement est en droit d'exiger pour la bonne administration des deniers de toute fondation faite dans un intérêt public.

On objectera peut-être encore que la sortie prématurée de quelques élèves pourrait porter un grave préjudice à l'établissement, en laissant vacantes des places que ne permet pas de remplir le règlement de la maison, où l'on ne peut être admis qu'à l'âge de huit ans.

Ce préjudice serait grave en effet; aussi, pour garantir autant que possible les intérêts de la maison, sera-t-il établi que, si des circonstances particulières forcent quelques parens à retirer leurs enfans avant l'expiration du cours entier des études, ils seront tenus de payer au collége, à l'époque de leur sortie, une somme égale au prix d'une année de pension. Cette indemnité ne paraîtra que juste, si l'on considère que c'est dans l'intérêt seul des familles que l'on a limité le nombre des élèves que l'établissement peut recevoir, et que c'est dans leur intérêt encore que l'on s'est astreint à ne point remplacer les élèves qui en sortent avant l'achèvement de leur éducation.

SECTION IV.

PERSONNEL DU COLLÉGE.

*

Le personnel du collége se composera du directeur, des professeurs, des aumôniers, du procureur-gérant, des sous-directeurs, des maîtres élémentaires, des maîtres d'étude, des maîtres suppléans, des maîtres de langues vivantes, d'arts et d'agrément, du médecin et du chirurgien, des employés et des gens de service.

Aucune femme n'habitera dans le collége, excepté la maîtresse lingère, l'infirmière en chef, et une femme de confiance pour les soins à donner aux élèves des classes élémentaires.

ARTICLE 1ᴱᴿ.

CONSEIL FORMÉ PAR LES FONCTIONNAIRES PRINCIPAUX.

Les fonctionnaires principaux qui composeront le conseil d'administration dont il a été déjà parlé, seront : le directeur, les professeurs, les aumôniers, et le procureur-gérant.

Les membres de ce conseil se réuniront le premier lundi de chaque mois, sous la présidence du directeur, pour délibérer sur tout ce qui concerne les intérêts de la maison.

A la fin de l'année, ils examineront les comptes, les arrêteront, et règleront le budget pour l'année suivante.

Le procureur-gérant n'aura point voix délibérative dans le conseil, où il ne remplira que les fonctions de secrétaire.

ARTICLE II.

ATTRIBUTIONS ET DEVOIRS DES DIVERS FONCTIONNAIRES.

Du Directeur.

Le directeur sera chargé de l'administration générale du collége.

Les pouvoirs du directeur seront très étendus : il nommera à toutes les places ; il correspondra seul avec les parens ; il sera seul chargé de l'admission des élèves, et prononcera seul leur exclusion du collége.

Il se regardera comme le père des enfans confiés à ses soins. Il se fera rendre compte chaque soir de la conduite et du travail de tous les élèves. Il visitera la cuisine avant le dîner et avant le souper, pour s'assurer si les élèves sont nourris comme ils doivent l'être. Il visitera l'infirmerie le matin et le soir.

Il veillera avec le plus grand soin à l'exécution des règlemens relatifs aux études. Il visitera chaque semaine une des classes du collége, et assistera aux leçons, pour être à portée de connaître par lui-même l'état du collége sous le rapport de l'enseignement.

Il surveillera l'administration économique, et il examinera, chaque semaine, les comptes du procureur-gérant.

Le directeur ne pourra opérer aucun changement dans les règlemens d'études et de discipline que d'accord avec le conseil.

Des Professeurs.

Il y aura dans le collége dix professeurs, savoir : 1° le professeur de philosophie, le professeur de physique, deux professeurs de mathématiques ; 2° le professeur de rhétorique, le professeur de seconde, et celui de troisième ; 3° les professeurs de quatrième, de cinquième, et de sixième.

Chaque professeur devra faire dix classes par semaine, sauf les modifications indiquées au chapitre de l'enseignement.

Les professeurs donneront les mêmes soins à tous les élèves, et les devoirs de chacun d'eux seront, chaque jour, lus et corrigés.

Les professeurs ne se croiront pas seulement chargés de l'enseignement des lettres et des sciences ; ils profiteront encore de toutes les occasions qui leur seront offertes pour apprendre aux élèves à aimer Dieu, leurs parens, et les institutions de leur pays.

Les professeurs donneront fréquemment aux élèves un témoignage d'intérêt en assistant aux récréations.

Des Aumôniers.

Il y aura deux aumôniers, l'un pour les classes

inférieures, l'autre pour les classes supérieures. Ce nombre est commandé, et par la division de la maison en deux établissemens différens, et par l'impossibilité, pour un seul aumônier, de diriger plus de cent cinquante élèves.

Les aumôniers feront appeler, pendant les récréations, ceux des élèves qui auront le plus besoin de leurs conseils. Ils assisteront même fréquemment aux récréations, où leur présence sera si utile.

Ils visiteront l'infirmerie au moins une fois par jour.

Tout ce qui concerne les fonctions des aumôniers, relativement au culte et à l'enseignement religieux, sera indiqué au chapitre de la religion.

Du Procureur-Gérant.

Le procureur-gérant surveillera tous les détails relatifs à l'administration économique.

Tous les domestiques seront soumis à ses ordres immédiats.

Il visitera au moins deux fois par jour les différentes parties de la maison, pour s'assurer si l'ordre et la propreté règnent partout.

A la fin de chaque semaine, il rendra compte de sa gestion au directeur.

Il ne pourra faire aucune dépense extraordinaire sans l'autorisation du conseil.

Des Sous-Directeurs.

Il y aura deux sous-directeurs, l'un pour le petit collége, l'autre pour le grand.

Ils seront chargés de tous les détails relatifs au bon ordre de leurs colléges respectifs, ainsi qu'au travail, et à la conduite des élèves.

Ils surveilleront personnellement le lever et le coucher, l'entrée et la sortie des classes, le réfectoire, et le parloir.

Ils présideront à toutes les leçons d'arts et d'agrément dans leurs colléges respectifs.

Ils accompagneront le directeur toutes les fois qu'il assistera aux leçons des professeurs et des maîtres.

Des Maîtres élémentaires.

Les maîtres élémentaires seront au nombre de quatre. Ils seront chargés de l'enseignement des classes de huitième et de septième.

Dans les premières années de l'éducation, le succès des leçons dépend en grande partie du petit nombre de disciples confiés au même maître ; en conséquence, chacune des deux classes de huitième et de septième formera deux divisions, et chaque maître élémentaire ne sera chargé que de quinze élèves.

Des Maîtres d'études.

Les maîtres d'études seront au nombre de dix ; ils seront attachés chacun à une classe.

Ils surveilleront les élèves pendant tout le temps que ceux-ci ne seront point avec les professeurs. La part spéciale qu'ils prendront aux études sera indiquée au chapitre de l'Enseignement.

Ils assisteront aux récréations dans les cours, disposées, comme on l'a vu, de manière que les maîtres respectifs de chaque classe pourront surveiller séparément leurs élèves, et se mêler continuellement à leurs jeux et à leurs conversations.

Ils s'abstiendront avec les élèves de ce langage menaçant qui leur fait souvent regarder comme ennemis des hommes dans lesquels ils ne devraient voir que des amis et des guides. Ils donneront constamment l'exemple de ces formes polies qui épargnent aux élèves tant de fautes, et aux maîtres tant de désagrémens.

Le directeur aura avec les maîtres d'études de fréquentes communications; il leur témoignera les plus grands égards, il s'occupera avec zèle de leur avancement. Il ne doit jamais oublier que c'est leur active et sincère coopération qui contribuera le plus à la moralité des élèves et à la prospérité des études.

Des Maîtres suppléans.

Il y aura trois maîtres suppléans.

Deux des maîtres suppléans seront attachés, l'un au petit collége, l'autre au grand.

Ces deux maîtres suppléans remplaceront les sous-directeurs et les maîtres d'études, absens ou malades.

Ils présideront aux salles de retenues et aux promenades.

En outre, ils seront chargés, l'un, de la direction de la bibliothèque, l'autre, de la direction du cabinet de physique et du cabinet d'histoire naturelle.

Le troisième maître suppléant sera chargé de la surveillance spéciale de l'infirmerie, et remplira auprès du directeur les fonctions de secrétaire.

ARTICLE III.

NOMINATION DES DIVERS FONCTIONNAIRES.

Le directeur sera nommé pour la première fois par le fondateur, et ensuite par le conseil qui aura un si grand intérêt à faire un bon choix.

Les autres fonctionnaires seront nommés par le directeur : la responsabilité qui lui est imposée exige que tous ses coopérateurs soient de son choix, mais il sera obligé , pour chaque nomination, de prendre l'avis du conseil, qui discutera en sa présence les titres des candidats , non pour lui dicter une décision, mais pour l'éclairer sur le choix qu'il doit faire.

Les fonctionnaires seront, autant que possible, choisis dans le collége même, afin que ceux qui ont déjà rendu des services à la maison, trouvent dans la perspective de l'avancement, un puissant motif d'émulation, et que l'établissement se régénère, pour ainsi dire , par lui-même.

Le directeur devra être licencié ès-lettres ou ès-sciences. Les professeurs des sciences mathématiques et physiques devront être licenciés ès-sciences; les professeurs de philosophie, de rhétorique, de seconde et de troisième, devront être docteurs ès-lettres; les professeurs de quatrième, de cinquième et de sixième, devront être licenciés ès-lettres; les sous-directeurs, les maîtres élémentaires, les maîtres d'études et les maîtres suppléans, devront être bacheliers ès-lettres, ou bacheliers ès-sciences.

On soumettra la nomination de tous les fonctionnaires à l'approbation du ministre de l'instruction publique, pour offrir au gouvernement toutes les garanties qu'il a droit d'exiger de ceux qui remplissent dans l'état de si importantes fonctions. La nomination du procureur-gérant devra être confirmée par le préfet de la Seine.

Les nominations des fonctionnaires principaux, excepté celle du directeur, seront provisoires pendant les cinq premières années. Le directeur, jusqu'à ce qu'elles soient devenues définitives, pourra les révoquer, après avoir toutefois pris l'avis du conseil.

Les fonctionnaires principaux ne pourront siéger au conseil qu'après leur nomination définitive.

ARTICLE IV.

TRAITEMENT DES DIVERS FONCTIONNAIRES.

Le traitement fixe du directeur sera le même que celui des proviseurs de Paris, c'est-à-dire de cinq mille francs.

Le traitement fixe du professeur de philosophie, des professeurs des sciences mathématiques et physiques, du professeur de rhétorique, de l'aumônier du grand collége et du procureur-gérant, sera égal au traitement fixe des professeurs les plus rétribués dans les colléges royaux de Paris, c'est-à-dire, de trois mille francs.

Le traitement fixe des professeurs de seconde et de troisième sera de deux mille cinq cents francs.

Le traitement fixe des professeurs de quatrième, de cinquième et de sixième sera de deux mille francs, ainsi que celui de l'aumônier du petit collége

Il y aura de plus, pour les fonctionnaires ci-dessus mentionnés, un traitement éventuel formé d'une partie de l'excédant des recettes sur les dépenses. Le traitement éventuel pourra être égal au traitement fixe de chacun de ces fonctionnaires, mais il ne dépassera jamais cette limite.

Le traitement des sous-directeurs sera égal aux deux tiers du traitement fixe des professeurs les plus rétribués. Le traitement des maîtres élémentaires, à la moitié, celui des maîtres d'études et des maîtres suppléans, au tiers du même traitement. Il n'y aura pas d'éventuel pour ces divers fonctionnaires ; mais ceux d'entre eux qui seraient restés cinq années dans le collège, et que des motifs raisonnables forceraient à se retirer, recevront une indemnité déterminée par le conseil.

En outre, tous les fonctionnaires auront dans le collège le logement et la table, à l'exception de ceux qui seront mariés, lesquels recevront une indemnité de logement proportionnée à leur traitement.

ARTICLE V.

MAÎTRES DE LANGUES VIVANTES, D'ARTS, ET D'AGRÉMENT.

Il y aura dans le collège deux maîtres de langue allemande, et deux maîtres de langue anglaise, deux maîtres de dessin, un maître de musique vocale, un maître de danse et un maître d'escrime.

ARTICLE VI.

MÉDECIN ET CHIRURGIEN.

Un médecin et un chirurgien seront attachés à la maison, et ils feront, chaque jour, une visite dans les diverses infirmeries.

Il y aura, de plus, un médecin et un chirurgien consultans.

ARTICLE VII.

EMPLOYÉS ET GENS DE SERVICE.

Outre la maîtresse lingère, l'infirmière en chef, et la femme de confiance chargée des soins à donner aux plus jeunes élèves, il y aura trois employés, savoir : Deux commis aux écritures, et un inspecteur chargé de la surveillance des domestiques et de la propreté.

Les gens de service seront au nombre de vingt-six.

SECTION V.

DISTRIBUTION DES HEURES DE LA JOURNÉE.

*

JOURS ORDINAIRES.

De 5 h. $\frac{1}{2}$ à 6 h.,   lever et prière.

De 6 h.   à 7 h. $\frac{1}{2}$, étude.

De 7 h.   à 8 h.,   déjeûner et récréation.

De 8 h.   à 10 h.,   classe.

De 10 h.   à 10 h. $\frac{1}{4}$, récréation.

De 10 h. $\frac{1}{4}$ à midi,   leçons diverses.

De midi   à 1 h. $\frac{1}{2}$, dîner et récréation.

De 1 h. $\frac{1}{2}$ à 2 h. $\frac{1}{2}$, étude.

De 2 h. $\frac{1}{2}$ à 4 h. $\frac{1}{2}$, classe.

De 4 h. $\frac{1}{2}$ à 5 h.,   goûter et récréation.

De 5 h.   à 7 h. $\frac{1}{2}$, étude.

De 7 h. $\frac{1}{2}$ à 8 h. $\frac{1}{2}$, souper et récréation.

De 8 h. $\frac{1}{2}$ à 9 h.,   lecture religieuse, prière,

et coucher.

EXCEPTIONS.

Le lever, dans les classes élémentaires, à 6 heures, et le coucher à 8 heures $\frac{1}{2}$.

L'étude du soir sera diminuée d'une demi-heure pour les élèves de ces classes.

JOURS DE CONGÉ.

Les classes vaqueront le mercredi et le samedi de chaque semaine, mais seulement dans l'après-dînée.

Jusqu'à midi, tout comme les jours ordinaires.

Depuis le dîner jusqu'au souper, promenade, et leçons d'arts et d'agrément.

De 7 heures $\frac{1}{2}$ à 9 heures, comme les jours ordinaires.

JOURS DE DIMANCHE.

De 6 heures à 6 heures $\frac{1}{2}$, le lever.

De 6 heures $\frac{1}{2}$ à 8 heures, étude et déjeûner.

De 8 heures à 10 heures, instruction religieuse, et office divin.

De 10 heures à 8 heures $\frac{1}{4}$, sortie chez les parens, et promenade, dans l'après-dînée, pour ceux des élèves qui seront restés au collége.

De 8 heures $\frac{1}{4}$ jusqu'à 9 heures, office divin, prière, et coucher.

On voit que les heures des exercices sont les mêmes que dans les colléges royaux ; seulement, on a introduit après la classe du matin une courte récréation, destinée à jeter un intervalle de repos au milieu du travail, et à prévenir la fatigue et l'ennui. Le travail des classes élémentaires a été réduit d'une heure et demie par jour. Une application trop long-temps soutenue et des études trop prolongées peuvent avoir des conséquences fâcheuses, quand il s'agit de très jeunes élèves et d'intelligences peu formées.

Les après-dînées du mercredi et du samedi seront, pour les professeurs, deux demi-congés, qui remplaceront le congé plein du jeudi, et pour les élèves un moyen de délassement utile, puisqu'elles seront consacrées à la promenade et aux leçons d'arts et d'agrément. Ce repos occupé conciliera les intérêts de la santé des élèves avec la nécessité de ne rien perdre de ces années de la jeunesse, dont le prix est inestimable.

Si l'on a fixé les congés au dimanche, c'est que ce jour est particulièrement consacré au repos ;

c'est que ce jour-là les pères et les mères, moins occupés de leurs affaires, ont plus de temps à donner à leurs enfans, et que les enfans peuvent mieux jouir de la société de leurs parens. On doit remarquer d'ailleurs que rien n'a été négligé pour assurer l'accomplissement des devoirs de ce jour. Les élèves ne sortent le matin du collége qu'après avoir assisté à une instruction religieuse et à l'office divin ; le soir, à leur rentrée dans le collége, un autre office les attend encore, et cet office est celui que l'on appelle *le Salut.* Cette cérémonie complètera les pratiques religieuses du dimanche, et fera succéder le calme à la dissipation inséparable d'un jour de sortie.

CHAPITRE II.

Religion.

*

La religion sera dans le collége ce qu'elle doit être, c'est-à-dire la base principale de l'éducation ; elle préviendra ce que l'instruction, privée de son heureuse influence, peut avoir de dangers, conformément à cette grande et belle maxime de Bacon, que *la religion est un aromate qui empêche la science de se corrompre.*

Ce qui concerne les pratiques religieuses a été réglé comme il suit :

Tous les exercices commenceront et finiront par la prière.

Les prières du matin et du soir seront faites par les aumôniers, dans les salles respectives destinées aux réunions.

Le directeur assistera alternativement aux prières du matin et du soir de chaque collége.

Les dimanches et les jours de fêtes, la messe sera célébrée avec une grande solennité par un des aumôniers : tous les fonctionnaires se feront un devoir d'y assister.

Les élèves se confesseront une fois par mois.

Enseignement religieux du petit Collége.

Dans la classe de huitième, l'enseignement religieux aura pour objet l'histoire de l'Ancien et du Nouveau Testament : c'est par là qu'il faut commencer, parce que la religion repose sur des faits.

Dans la classe de septième, on enseignera le dogme ou le catéchisme, auquel les élèves ont été préparés par l'étude de l'histoire sainte.

Dans la classe de sixième, on enseignera encore le catéchisme ; mais l'instruction sera beaucoup plus étendue, parce que c'est dans cette classe que les élèves seront préparés à la première communion.

Les leçons de religion, dans ces trois classes, auront lieu deux fois par semaine, pendant l'étude qui précède le dîner, et dans la salle de réunion du petit collége. Elles seront précédées d'une préparation présidée par le maître d'études.

Dans les deux classes suivantes, on continuera l'enseignement religieux, en faisant lire aux élèves la *Doctrine chrétienne*, de Lhomond ; l'*Histoire de l'Église*, du même ; les *Mœurs des Israélites et des Chrétiens*, de Fleury, et le *Discours sur l'Histoire universelle* par Bossuet.

Ces diverses lectures, que l'aumônier fera lui-même avant la prière du soir, et qui offriront la répétition de ce qui aura été déjà enseigné, le graveront plus fortement encore dans l'esprit des élèves, et l'ouvrage si heureusement commencé dans les trois premières années, sera entièrement achevé dans les deux dernières.

En outre, les dimanches et les jours de fêtes, pendant l'étude qui précède le déjeûner, les élèves apprendront par cœur et réciteront au maître d'études l'évangile ou l'épître du jour, savoir : en français dans les classes élémentaires ; en latin dans les classes de sixième et de cinquième ; en

grec dans la classe de quatrième. Après le déjeûner, l'aumônier expliquera ce qui aura été appris
dans l'étude du matin. Il fera cette explication
dans la salle de réunion du petit collége, et la
terminera par des questions adressées à un certain
nombre d'élèves, pour s'assurer s'il a été bien
bien compris.

Enseignement religieux du grand Collége.

L'instruction religieuse dans les classes supérieures ne doit plus se borner à l'histoire sainte
et au catéchisme. L'aumônier du grand collége,
les jours de dimanche et de fêtes, fera aux élèves une conférence sur les grandes vérités de la
religion. Cette conférence aura lieu après le déjeûner dans la salle de réunion, et elle sera ter-
minée par la dictée d'un certain nombre de questions qui en seront l'analyse, et auxquelles les
élèves devront répondre de vive voix, au commencement de la conférence suivante.

Tous les jours, avant la prière du soir, l'aumônier consacrera environ un quart d'heure à
développer aux élèves les beautés des livres saints,
selon l'excellente méthode indiquée au second
volume du *Traité des études*, où Rollin, dans l'ex-

plication du cantique de Moïse, a offert un si admirable modèle d'analyse. On n'a pas besoin de faire sentir tout ce qu'on peut attendre d'une telle instruction continuée pendant plusieurs années. La religion des élèves s'accroîtra de l'admiration dont il sera facile de les pénétrer pour tant de chefs-d'œuvre de poésie et d'éloquence, qui, assurément, ne le cèdent en rien à ceux des auteurs classiques les plus admirés.

Cette méthode d'instruction religieuse, que l'auteur de cet essai a lui-même employée pendant long-temps avec le plus grand succès, est tout-à-fait conforme au vœu exprimé par M. Cousin dans son Rapport sur l'instruction publique en Allemagne. Après avoir demandé que les aumôniers des colléges s'attachent particulièrement à expliquer eux-mêmes les beautés des livres saints, M. Cousin ajoute : « Quand, pendant quelques » années, les jeunes gens auraient ainsi vécu dans » un commerce intime avec les *saintes écritures*, il » ne serait pas plus facile de tourner en ridicule » auprès d'eux le christianisme, sa forte morale, » sa sublime philosophie, sa glorieuse histoire, » qu'il ne l'est aujourd'hui de leur faire trouver » Homère et Virgile de minces génies, et Rome » et la Grèce sans grandeur et sans intérêt. »

CHAPITRE III.

Enseignement.

SECTION I.

DE L'ENSEIGNEMENT EN GÉNÉRAL.

*

ARTICLE IER.

DURÉE DE L'ENSEIGNEMENT.

La durée du cours d'études, qui sera de dix années, commencera à huit ans, et finira à dix-huit.

L'éducation ne peut ni commencer ni finir plus tôt. La commencer plus tôt, c'est user prématurément, dans des études trop sérieuses, des intelligences encore faibles; la finir plus tôt, c'est devancer le temps où la jeunesse peut entrer avec succès dans les diverses carrières qui lui sont ouvertes.

4

ARTICLE II.

OBJETS ET DIVISION DE L'ENSEIGNEMENT.

Les objets de l'enseignement seront :

La langue française ;

La langue latine et la langue grecque ;

La langue allemande et la langue anglaise;

La géographie et l'histoire.

Les sciences, savoir : la philosophie, les sciences mathématiques et physiques.

Les leçons d'arts et d'agrément , savoir : l'écriture , le dessin , la musique, la danse , et l'escrime.

L'enseignement se divisera en enseignement littéraire, en enseignement scientifique, et en leçons d'arts et d'agrément.

L'enseignement littéraire appartiendra aux huit premières années, c'est-à-dire, aux deux classes élémentaires , aux classes de sixième, de cinquième, de quatrième, de troisième, de seconde, et de rhétorique.

L'enseignement scientifique se mêlera au cours des lettres; mais il appartiendra spécialement aux deux dernières années du cours d'études.

Les leçons d'arts et d'agrément appartiendront à toutes les classes.

L'enseignement des classes élémentaires comprendra ; la grammaire française, la grammaire
latine, et la grammaire grecque, la géographie
ancienne et moderne, et le calcul, sur lequel
les élèves seront exercés avec le plus grand
soin ;

En outre, des leçons d'écriture, de musique
vocale, et de danse.

L'enseignement des classes, depuis la sixième
jusqu'à la rhétorique inclusivement, comprendra :
la langue française, la langue latine, la langue
grecque, et l'étude de la littérature de ces trois
langues ; la langue allemande, et la langue anglaise,
dont les élèves recevront des leçons pendant six
années consécutives ; l'histoire, dont ils recevront
aussi, pendant le même espace de temps, des
leçons spéciales ;

En outre, des leçons de calcul, de géométrie
simplifiée, de cosmographie, et d'histoire ;

Enfin, des leçons de dessin, de musique vocale, de danse, et d'escrime.

L'enseignement des deux classes des sciences
comprendra, pour la première année, un cours
de philosophie et de mathématiques ; pour la
seconde année, un cours de mathématiques et
un cours de sciences physiques ;

En outre, les élèves recevront des leçons de dessin et d'escrime.

La multiplicité des objets de cet enseignement remplit toutes les conditions du cours d'études le plus complet, et on ne voit pas ce qu'on pourrait y ajouter. Les jeunes gens qui, à l'âge de dix-huit ans, sortiront du collége, après avoir reçu une telle instruction, sauront tout ce qu'il est possible de savoir à cet âge.

Quant à la division de l'enseignement, elle a été réglée d'après l'âge des élèves et d'après les développemens de leur intelligence. Dans les premières années, les deux facultés qui dominent sont la mémoire et l'imagination. C'est pour ce motif que la première époque du cours d'études sera en très grande partie consacrée aux lettres. On ne s'adressera au jugement d'une manière spéciale que lorsqu'il aura été mûri par l'âge et formé par l'enseignement littéraire, qui est pour les jeunes gens une sorte de logique pratique. En effet, l'explication d'un auteur, un thème, une version, une composition quelconque, exigent une foule de raisonnemens, et cet exercice forcé de l'esprit est une préparation continuelle à l'étude sérieuse des sciences.

ARTICLE III.

DISTRIBUTION DES OBJETS DE L'ENSEIGNEMENT POUR CHAQUE JOUR DE LA SEMAINE.

La distribution des objets de l'enseignement sera telle, qu'ils ne se nuiront pas les uns aux autres, et que la multiplicité ne produira pas la confusion.

I.

Dans toutes les classes des lettres, quatre jours par semaine, savoir, le lundi, le mardi, le jeudi et le vendredi, seront exclusivement consacrés à la langue grecque et à la langue latine, à l'exception de l'étude qui précède le dîner.

Les deux autres jours, savoir, le mercredi et le samedi, seront étrangers aux langues anciennes.

La matinée du mercredi, à l'exception de l'étude qui précède le dîner, sera, dans toutes les classes, consacrée aux compositions pour les places.

La matinée du samedi, sauf la même exception, sera consacrée aux leçons de géographie dans les classes élémentaires ; aux leçons d'histoire dans les autres classes, jusqu'à la rhétorique inclusivement.

Les après-dînées de ces deux jours seront, dans toutes les classes des lettres, consacrées à la promenade et aux leçons d'arts et d'agrément, à l'exception de l'étude du samedi soir, qui sera employée pour les rédactions de géographie et d'histoire.

L'étude qui précède le dîner sera consacrée, dans les classes élémentaires, à l'instruction religieuse, à la géographie et au calcul ; dans les autres classes, à la langue allemande, à la langue anglaise, à la géométrie simplifiée, à la cosmographie et à l'histoire naturelle. L'emploi de ce temps sera doublement profitable, et par l'instruction qui en résultera, et par la variété qu'il jettera dans les études, variété plus nécessaire qu'on ne le croit pour rompre la monotonie de l'enseignement des langues anciennes, auxquelles on a d'ailleurs fait la large part que réclame leur importance.

II.

Dans les deux classes des sciences, toutes les matinées seront consacrées exclusivement aux mathématiques.

Toutes les après-dînées seront, pendant la première année, consacrées exclusivement à la philosophie, et, pendant la seconde année, aux sciences physiques.

Il n'y aura d'exception que pour la classe du mercredi matin, qui sera employée aux compositions, et pour les après-dînées du mercredi et du samedi, qui seront, comme dans les classes précédentes, réservées aux leçons d'arts et d'agrément.

ARTICLE IV.

DISPOSITION DU LOCAL DESTINÉ A L'ENSEIGNEMENT.

Les classes où les professeurs donneront leurs leçons serviront en même temps de salles d'études.

On placera la chaire du professeur au centre, et en face, six tables avec cinq pupitres sur chaque table.

Les six tables formeront dans chaque classe six divisions, composées chacune de cinq élèves.

Une grande planche noire sera placée derrière la chaire du professeur.

Des cartes géographiques et des tables chronologiques seront disposées tout autour de la classe.

SECTION II.

ENSEIGNEMENT LITTÉRAIRE.

✻

ARTICLE IER.

PRÉPARATIONS, EXPLICATIONS, LEÇONS, DEVOIRS
DICTÉS, COMPOSITIONS.

§ I. *Préparations.*

La préparation des auteurs est surtout nécessaire dans les classes inférieures. Cette préparation se fait ordinairement avec le secours des dictionnaires. Sans doute cette méthode ne serait
pas sans quelques avantages, si elle était exactement suivie, parce que, laissant les élèves aux
prises avec les difficultés du texte qu'ils doivent
préparer, et du lexique qu'ils appellent à leur
aide, elle pourrait avoir pour résultat d'exercer
leur jugement et leur pénétration. Mais, d'une
part, combien peu d'élèves luttent contre le dou-

ble obstacle qu'ils rencontrent ; et d'une autre part, le temps, qui ne sait point se plier aux exigences d'une mauvaise méthode, les enlève à leur préparation avant qu'elle soit parvenue à un terme encourageant pour leur zèle ou pour leur amour-propre : il arrive de là que, ne pouvant atteindre un résultat sûr, ils en cherchent un plus rapide, et que, dans leur esprit comme en réalité, ces préparations ne sont que pour la forme.

A ces préparations trop difficiles, rebutantes, illusoires, il faut substituer, dans les classes inférieures, un procédé plus facile, plus agréable, et tout à la fois plus efficace. On remplacera pour cela les dictionnaires par des traductions imprimées séparément du texte, et cela tant pour les auteurs grecs que pour les auteurs latins. Au moyen de ces traductions bien faites, les élèves, au lieu d'une préparation insuffisante ou nulle, apporteront en classe la connaissance non seulement du sujet, mais encore du sens et des mots. Ce travail aura été pour eux un plaisir, et la classe n'y gagnera pas moins en utilité qu'en agrément.

Ce procédé sera commun à toutes les classes du petit collége. En outre, pour que les secours soient proportionnés aux besoins de l'intelligence,

le texte des auteurs, dans les classes élém'entai-
res, sera divisé en petits chapitres, qui devront
être chacun la matière d'une explication. A la
tête de ce chapitre se trouveront tous les mots
nouveaux, avec le sens dans lequel ils y seront
employés. Cette liste de mots sera une espèce de
dictionnaire particulier, qui, fait et placé comme
on vient de le dire, aura le double avantage de
ne point faire perdre de temps aux élèves, et de
ne pas les induire en erreur. A partir de la septième, ils n'auront plus pour aide que les traductions ; car il est hors de doute que deux années
suffisent complètement pour leur faire connaître
toutes les racines, ainsi que tous les dérivés et
les composés, ou du moins la manière de les
former et d'y parvenir facilement.

Mais, dira-t-on, ces secours ne laisseront plus
rien à faire aux élèves, et on n'évite un inconvénient que pour tomber dans un autre. L'objection
a quelque chose de spécieux, sans doute ; mais
la réponse est facile. D'abord les élèves devront,
outre la traduction en bon français, connaître la
traduction littérale, et par conséquent la construction. Or, pour arriver à cette connaissance,
il faudra qu'ils comparent sans cesse la traduction avec le texte, les procédés de la langue fran·

çaise avec ceux de la langue latine ou de la langue grecque. Cette comparaison forcée sera un travail éminemment propre au développement des facultés de l'esprit, et où la mémoire, la pénétration et le jugement auront continuellement à s'exercer. D'ailleurs la peine véritable, celle qui oblige à faire de grands efforts, doit être réservée pour les devoirs dictés par les professeurs.

Pendant le temps de la préparation, ceux des élèves pour qui le secours des traductions imprimées serait insuffisant, pourront se faire aider par le maître d'études, ou, avec sa permission, par les premiers de chaque division.

A mesure que les élèves avanceront en âge, les idiomes anciens leur deviendront plus familiers, et le secours des traductions moins nécessaire. En conséquence, dans le grand collége, les préparations se feront sur le texte pur des auteurs : les élèves rédigeront avec soin une analyse des passages qui devront être le sujet des explications.

Ces analyses offriront un moyen sûr de constater la réalité de la préparation toujours indispensable pour mettre les élèves à portée de profiter de l'enseignement du professeur. En outre, elles forceront les jeunes gens à se rendre compte des pensées d'un auteur, à embrasser un série de faits, un enchaînement d'idées ; elles les habitueront de bonne heure à réfléchir, et favoriseront le développement de leur raison.

Pour assurer la bonne rédaction de ces analyses, et par suite leur succès, on les remettra au commencement de la classe au professeur, qui en fera toujours lire quelques unes avant l'explication.

§ II. *Explications*.

On consacrera aux explications les cinq premiers quarts d'heure de chaque classe ; ce n'est assurément pas trop, si l'on considère l'importance de cette partie de l'instruction, qui est regardée avec raison comme la principale fonction des professeurs.

Les préparations faites avec le secours des traductions imprimées permettront, dans les classes inférieures, de donner aux explications une étendue qu'on ne peut guère espérer dans les établissemens où le professeur trouvant tout à faire parce que les élèves n'ont presque rien fait par eux-mêmes, est à chaque instant arrêté dans sa marche, et n'obtient qu'avec beaucoup de fatigue une traduction aussi courte que dépourvue d'intérêt.

Les explications ne doivent pas être seulement des espèces de versions orales, dont le principal effet est d'apprendre à bien écrire en français; il faut encore qu'elles servent à familiariser les jeunes gens avec les langues anciennes. Voici comment on peut atteindre ce résultat. Dans les classes inférieures, lorsque l'explication aura été répétée par quelques élèves, le professeur fera mettre de côté le texte des auteurs, et prendre à la place les traductions imprimées. Alors les élèves, les yeux sur cette traduction, reproduiront sans beaucoup de peine le texte même qu'ils auront préparé, expliqué et traduit, et par ce thème oral, contre-partie de la traduction qu'ils viendront de faire sous la direction du maître, ils auront, en quelque sorte, parlé le latin et le grec avec les expressions mêmes des auteurs anciens. Cette méthode ne s'appliquera qu'aux auteurs en prose.

Dans les classes supérieures, les explications, devenues d'ailleurs plus intéressantes par le choix des auteurs, recevront toute l'extension que permettront de leur donner l'âge, les connaissances déjà acquises des élèves, leur intelligence plus développée, et l'excellence même du mode de préparation qui les aura précédées.

Après la lecture de quelques unes des analyses, qui seront, comme on l'a dit, rédigées par les éleves, l'explication commencera sur les passages dont ces analyses auront reproduit les idées principales. Le professeur expliquera rapidement les morceaux les moins importans; il se bornera à les analyser, de manière cependant à ne point faire perdre la liaison de ces morceaux avec ceux qui précédent et ceux qui suivent. Quant aux passages dignes d'être confiés à la mémoire, ils deviendront l'objet d'un examen destiné à en faire ressortir les beautés, et ils seront traduits avec un soin particulier.

Grâce à ce mode d'explications, la plupart des ouvrages dont on ne voit ordinairement que quelques parties, pourront être expliqués en entier. Les jeunes gens connaîtront dans leur ensemble ces beaux livres que nous a légués l'antiquité, et dont on ne leur offre aujourd'hui que quelques fragmens décousus. Ils auront acquis, en sortant du collège, le droit de parler de l'Iliade et de l'Énéide; car ils auront été vraiment initiés aux magnifiques compositions d'Homère et de Virgile. Quant aux maîtres, ils n'auront plus à encourir le reproche peut-être trop mérité que ce n'est pas la peine de retenir pendant tant d'années les jeunes gens dans les maisons d'éducation, pour les renvoyer à leurs familles avec une connaissance si superficielle et si incomplète des auteurs anciens.

Les traductions des morceaux choisis en prose qui auront été données par le professeur, dans le cours des explications, seront reproduites par écrit, et sur un cahier spécial, au commencement de l'étude du soir.

§ III. *Leçons.*

Celle de nos facultés que l'on doit exercer la première, c'est la mémoire; il faut la meubler de bonne heure de faits importans, de passages choisis des meilleurs auteurs; matériaux préparés d'avance, dont le jugement et l'imagination sauront plus tard tirer parti. Ces souvenirs resteront gravés dans l'esprit d'une manière ineffaçable; car il est reconnu qu'on ne sait jamais rien mieux que ce qu'on a appris dans le jeune âge.

L'exercice de la mémoire devant se rapporter au sujet immédiat des études, les élèves n'apprendront par cœur que ce qui aura été expliqué la veille par le professeur.

Comme la prose est difficile à retenir, comme elle ne laisse dans la mémoire que des traces peu durables, on ne fera point apprendre par cœur les auteurs anciens en prose. Mais dans les classes où l'on explique les poètes latins et grecs, les élèves apprendront, chaque semaine, au moins cent vers latins et cinquante vers grecs. Le nombre des vers français qu'ils apprendront en même temps sera égal à celui des vers latins.

Quant aux auteurs en prose, les élèves, au lieu de réciter par cœur les textes latins et grecs expliqués la veille, les reproduiront de vive voix, ou sur les traductions imprimées, ou sur les traductions recueillies dans le cahier dont il a été parlé à l'article des explications. Ce sera un nouveau genre de leçons d'une exécution facile, et à la portée de toutes les intelligences. Il paraîtra sans doute préférable à ces tirades de prose qu'on apprend si difficilement et qu'on oublie si vite. La reproduction des textes latins et grecs sur le français n'empêchera pas de les oublier à la longue ; mais, du moins, on aura épargné aux élèves un effort de mémoire aussi pénible qu'inutile, et, de plus, on leur aura fourni un moyen de réciter, aux examens, le texte entier des explications de l'année, ce qui est impossible avec la méthode ordinaire des leçons.

Les leçons seront apprises, le matin, dans la première étude, et, le soir, dans l'étude qui précède la classe.

Ce sont les professeurs eux-mêmes qui font ordinairement réciter les leçons dans la première partie de la classe ; cette méthode a de graves inconvéniens. En effet, quand les leçons ont été indiquées aux élèves, quand le temps nécessaire pour les apprendre leur a été donné, que reste-t-il à faire ? Rien, qu'à vérifier leur travail, c'est-à-dire, à leur faire réciter ce qu'ils ont appris. Or, de deux choses l'une : ou le professeur fait réciter les leçons à la plus grande partie des élèves, et alors quel temps perdu pour une simple vérification ! ou il n'en fait réciter qu'une petite partie, afin de ménager les momens, et alors combien la paresse ingénieuse des élèves sait profiter de la nécessité où il est de se restreindre ! De quelque manière qu'il s'y prenne, les inconvéniens sont inévitables. A qui donc les leçons seront-elles et doivent-elles être récitées ? Aux maîtres d'études, qui, n'étant pas gênés par le temps, ni par le trop grand nombre d'élèves, pourront les interroger tous, et remettront une note nominative de leurs réponses aux professeurs, de sorte que ceux-ci n'auront plus qu'à vérifier, en peu de minutes, les attestations données par les maîtres d'études.

Les élèves seront appelés successivement pour la récitation des leçons. Le maître d'études exigera qu'ils les récitent comme s'ils les déclamaient. Par là se formera chez eux l'habitude d'une bonne prononciation, que l'on ne saurait contracter de trop bonne heure.

Le dernier vendredi de chaque mois, la classe du matin et celle du soir seront consacrées à faire répéter toutes les leçons apprises pendant le mois. Cette espèce d'examen est un moyen infaillible de fixer dans la mémoire des jeunes gens ce qui a été l'objet de l'enseignement. Les professeurs transmettront au directeur les notes que chaque élève aura méritées pour la récitation de ses leçons. Ceux qui n'auraient pas répondu d'une manière satisfaisante, seront privés de sortie le dimanche suivant, à moins que, dans l'intervalle, ils n'aient réparé leurs torts.

§ 4. *Devoirs dictés par les Professeurs.*

L'explication des auteurs, même la plus soignée et la plus étendue, ne suffit pas encore. L'élève a eu pour aides, soit les traductions imprimées dans la préparation, soit le professeur lui-même dans les traductions orales ; il faut en outre l'abandonner à lui seul ; il faut mettre son intelligence aux prises avec des travaux d'une nature analogue, et où elle n'aura d'autre secours que sa propre force ou ses propres souvenirs. Tel est le but des devoirs dictés par les professeurs.

Les devoirs, tant latins que grecs, seront faits dans l'étude du soir. Ils ne seront pas trop longs, parce qu'il vaut mieux faire bien que faire beaucoup.

Ils seront toujours, en tout ou en partie, du moins dans les classes inférieures, relatifs aux divers objets de l'enseignement classique. Il n'en coûte pas davantage, en enseignant les langues anciennes, de les faire servir à l'acquisition de connaissances utiles.

Les devoirs seront corrigés, après l'explication des auteurs, dans les trois derniers quarts d'heure de la classe, sur lesquels on prélèvera le temps nécessaire à la dictée d'un nouveau devoir. C'est peu de chose, sans doute, que trois quarts d'heure pour ces deux objets. Mais, d'une part, la dictée d'un devoir peu étendu ne demandera que peu de temps, et, d'une autre part, la correction publique sera considérablement abrégée par la correction préliminaire des professeurs.

En effet, les copies des élèves seront tous les jours envoyées aux professeurs, qui les examineront avec soin, et les rendront au commencement de la classe, avec leurs observations écrites à la marge. La brièveté du devoir et le petit nombre des élèves leur rendront la chose possible, et ce que ce travail pourra ajouter à leurs fonctions ne sera rien en comparaison des avantages immenses qui doivent en résulter pour les élèves.

Le professeur ne fera lire et ne corrigera dans la classe qu'un certain nombre de devoirs. Pendant cette correction, tous les élèves, à l'exception de ceux dont les devoirs auront été réservés pour la lecture publique, corrigeront eux-mêmes sur leurs copies les fautes déjà indiquées par le professeur, et ces copies lui seront remises de nouveau, à la fin de chaque classe, pour qu'il s'assure par lui-même de l'exactitude qu'ils auront mise à cette correction. Cette mesure, si simple en apparence, offre des avantages qu'on ne saurait trop apprécier. Qui ne voit, en effet, que l'attention des élèves sera perpétuellement captivée par l'obligation de représenter leurs copies corrigées aux professeurs ; que pas un instant ne sera perdu dans ce temps de la correction, ordinairement si mal employé ; que tous les devoirs seront en réalité corrigés dans le petit nombre de ceux qui auront été lus ; enfin, que tous, les plus faibles comme les plus forts, participeront également au bienfait d'une correction d'autant plus utile, que chacun l'aura en quelque sorte faite lui-même.

Du reste, comme on n'aura dicté par classe qu'un devoir, de même on n'en aura jamais qu'un à corriger à la fois, et c'est par cette marche rigoureusement suivie que les professeurs éviteront l'inconvénient de laisser trop d'intervalle entre la confection et la correction des devoirs; car l'intérêt, et par conséquent l'utilité d'une correction diminuent, pour les élèves, à mesure qu'ils s'éloignent du moment où ils ont fait leur travail.

§ 5. *Compositions pour les places.*

Les compositions pour les places ne peuvent être trop fréquentes, car elles offrent un puissant moyen d'entretenir l'émulation. Ce qu'on obtiendrait avec peine des jeunes gens par des conseils et des exhortations, on l'obtiendra facilement et à coup sûr en mettant leur amour-propre en jeu. Une composition pour les places leur est plus profitable que trois devoirs ordinaires.

Les professeurs, comme on l'a indiqué plus haut, feront composer leurs élèves le mercredi de chaque semaine, pendant la classe du matin. La lecture des places sera faite dans la classe du samedi.

Les copies devront être remises aux élèves avec les observations du professeur écrites à la marge.

ARTICLE II.

*

L'enseignement de la langue française se divisera en enseignement grammatical et en enseignement littéraire.

L'enseignement grammatical appartiendra aux deux classes élémentaires.

Il aura lieu deux fois par semaine, pendant l'étude qui précède le dîner.

Il se composera d'une préparation et d'une leçon.

La leçon sera donnée par le maître élémentaire de chacune des deux divisions des classes de huitième et de septième.

Dans les quatre premiers mois de la huitième, l'enseignement de la langue française se bornera à la première partie de la grammaire, qui traite des mots pris isolément.

La grammaire dont on se servira est celle de M. Lefranc, dont le plan est tout-à-fait neuf, et qui a obtenu un succès mérité.

Le temps destiné à la préparation sera employé à apprendre la leçon de grammaire expliquée la veille, et à écrire sur la planche noire, sous la dictée du maître d'études, un certain nombre de mots dont l'orthographe est le plus difficile.

Pendant le temps destiné à la leçon, le maître élémentaire expliquera d'abord quelques règles de grammaire. Ensuite il fera conjuguer de vive voix plusieurs verbes réguliers ou irréguliers. Cette conjugaison se fera en commun, de manière que chaque élève soit, sans ordre prévu, appelé à réciter un temps de verbe. Ainsi tous les élèves, exposés à être interrogés à chaque instant, prendront à cet exercice une part active qui soutiendra l'attention et préviendra l'ennui. Enfin le maître fera effacer les mots inscrits précédemment sur la planche noire, et il en demandera l'orthographe aux élèves, pour qui il sera d'autant plus facile de la reproduire exactement, que les mots seront restés pendant un assez long temps exposés à tous les yeux.

Lorsque les élèves auront été ainsi exercés pendant quatre mois, on les fera passer à la seconde partie de la grammaire, c'est-à-dire, à la syntaxe, qui s'occupe des mots considérés dans leurs rapports les uns avec les autres. Avant de commencer l'étude de la syntaxe, on donnera aux élèves, sur les propositions de diverses espèces, des notions proportionnées à leur âge, afin de les mettre en état de faire l'analyse logique et grammaticale, travail plus facile pour les enfans de cet âge qu'on ne le croit communément.

La syntaxe se divise en syntaxe proprement dite, et en syntaxe des idiotismes.

La syntaxe proprement dite complètera, pour la classe de huitième, l'enseignement de la grammaire pendant le reste de l'année. L'étude de la syntaxe des idiotismes appartiendra à la classe de septième.

Pendant tout le temps que durera l'enseignement de la syntaxe proprement dite, qui se subdivise en syntaxe d'accord et syntaxe de régime ou de complément, le maître commencera sa leçon par l'explication de quelques règles de grammaire; puis il dictera un certain nombre de phrases qui en renfermeront l'application, les corrigera, et en fera faire aux élèves l'analyse logique et grammaticale.

En septième, l'enseignement aura lieu suivant la même méthode ; il comprendra la syntaxe des idiotismes, ainsi que les mots dérivés et composés.

Les trois derniers mois seront employés à repasser toute la grammaire. Après cet enseignement de deux années, les élèves n'auront plus besoin de leçons spéciales de grammaire française.

L'enseignement littéraire de la langue française se confondra, dans les classes suivantes, avec l'étude de la langue latine et de la langue grecque.

Les professeurs, depuis la sixième jusqu'à la rhétorique inclusivement, feront chaque jour apprendre par cœur, dans des recueils qui seront rédigés à cet effet , un certain nombre de vers français analogues aux vers latins et grecs expliqués la veille.

En outre, les élèves seront formés à écrire en français par les préparations et les analyses dont on a déjà fait connaître le mode particulier; par les traductions des professeurs qui seront reproduites chaque jour ; par les versions latines et grecques, qui sont peut-être le moyen le plus efficace pour apprendre à bien écrire en français ; par les rédactions historiques, qui seront en même temps des exercices de style ; enfin, par les discours français de la classe de rhétorique, qui achèveront l'ouvrage commencé dans les classes précédentes.

De cette manière, la langue nationale, interprète forcée des autres langues, et mêlée à l'enseignement général pendant tant d'années, éprouvera l'heureuse influence de ces communications continuelles, et, dans la réalité, elle sera encore plus cultivée que les langues anciennes.

ARTICLE III.

*

§ 1. *L'étude des langues anciennes,*
base de l'enseignement.

Les langues anciennes, qui sont, non le but,
mais le moyen de l'instruction, doivent être le
principal objet de l'enseignement ; et l'on ne peut
rien faire de mieux que de citer, à l'appui de cette
assertion, les paroles d'un littérateur justement
célèbre : « Sans parler, dit Laharpe, d'un fait
» reconnu, qu'il n'a pas existé parmi les moder-
» nes un seul homme du premier ordre dans
» les lettres, dans les sciences, dans la magis-
» trature, dans le ministère ecclésiastique, qui
» n'ait été un excellent humaniste, on peut dire
» que l'étude des anciens, dans l'éducation, est

» appuyée sur un principe incontestable, c'est
» que les anciens étant les meilleurs modèles
» dans les arts de l'esprit, c'est sur eux qu'il
» convient de former l'intelligence et le goût, et
» de modeler les travaux de la jeunesse... Ce qui
» est de fait, c'est que tout ce que nous savons,
» nous le tenons des anciens. On demande quel-
» quefois, sans trop savoir ce qu'on dit, à quoi
» sert le latin qu'on ne parle pas, et le grec
» dont on ne parle plus qu'un idiome défiguré ;
» c'est à former de toute manière et sous tous les
» rapports, l'esprit, la raison, le goût de la jeu-
» nesse étudiante. Ne dirait-on pas que dans les
» études on n'apprend que des mots en appre-
» nant le latin et le grec ? Oublie-t-on que les
» jeunes gens ont entre leurs mains les historiens,
» les orateurs, les poètes dramatiques, épiques,
» satiriques, les philosophes, les érudits de la
» Grèce et de Rome ? Et combien d'idées de
» toute espèce, combien de sortes d'instructions
» entrent dans leur tête en même temps que la
» connaissance de la langue grecque et de la lan-
» gue latine ! Dira-t-on qu'on en ferait autant avec
» les auteurs français ? Quelle erreur et quelle
» différence ! Ne voit-on pas que les difficultés
» du seul langage appellent forcément sur les cho-

» ses un degré d'attention dont cet âge est peu
» susceptible par lui-même, si l'on ne met en
» jeu que sa mémoire, au lieu que celle-ci s'en-
» richit, à son insu et même malgré elle, des
» efforts nécessaires de l'intelligence. »

Les langues anciennes tiendront par conséquent le premier rang dans l'enseignement littéraire, et on y consacrera les deux tiers du
temps destiné à l'enseignement général. Leur
accorder moins, ce serait en rendre l'étude illusoire ; leur accorder plus, ce serait repousser
des améliorations devenues nécessaires.

§ 2. *Simultanéité de l'enseignement du latin
et du grec.*

Dans les colléges, le grec, loin d'être commencé avec le latin, est ordinairement renvoyé
à la cinquième, et encore, pendant le reste du
cours d'études, n'est-il l'objet que d'un petit
nombre de leçons. Aussi la plupart des élèves,
au sortir des classes, oublient-ils promptement
ce qu'ils ont appris de grec ; et, à ne consi-
dérer qu'un si mince et si fugitif résultat, c'est
trop même du peu de temps consacré à cette
langue ; mais c'est trop peu, si l'on veut la savoir réellement. Il faut, ou renoncer à l'étude

de la langue grecque, ou l'apprendre aussi sérieusement que la langue latine. Si cette dernière
a pour elle l'analogie des mots avec la langue
française, la première a en sa faveur l'analogie
des tournures, sans compter que les sciences
lui sont redevables de presque tous leurs termes. La même raison qui fait de la langue latine une condition indispensable de toute bonne
éducation, s'applique donc également à la langue grecque, qui, même sous le rapport littéraire, offre plus de richesses que sa rivale. Mais,
dira-t-on, n'est-ce pas surcharger les esprits des
enfans que de réunir, pour un âge si tendre,
l'enseignement de trois langues? On peut répondre d'abord que, sous le rapport de la mémoire, faculté dominante à cet âge, les faits de
trois langues ne sont guère plus difficiles à retenir que les faits de deux seulement. D'un autre
côté, ces trois études se prêtent réellement un
secours mutuel, tant dans la grammaire proprement dite que dans la syntaxe ; et si l'enseignement marche d'abord moins vite, il n'en deviendra bientôt que plus rapide et plus sûr. La
simultanéité de l'enseignement de la langue latine
et de la langue grecque est donc nécessaire ; elle
est également possible, et c'est ce que démontre

l'exemple de ce qui se faisait autrefois chez nous, et de ce qui se fait encore dans d'autres pays. On voit en effet, dans l'ancienne Université de France , un Henri de Mesmes réciter, comme Rollin le raconte , Homère par cœur d'un bout à l'autre , et près de deux mille vers grecs faits par lui. On voit les Universités d'Allemagne et d'Angleterre présenter le même spectacle que la nôtre offrait jadis , et il ne nous est pas permis de rester inférieurs ni à nous ni à nos voisins.

En conséquence , l'enseignement de la langue grecque commencera avec celui de la langue latine , et chacune de ces deux langues aura une part égale dans la distribution du temps réservé aux langues anciennes. Le lundi, le mardi, le jeudi et le vendredi de chaque semaine , les classes du matin seront consacrées à la langue latine , et celles du soir à la langue grecque.

§ 3. Distribution des auteurs anciens entre les diverses classes.

La distribution des auteurs qui doivent servir à l'enseignement des langues anciennes dans chaque classe , mérite la plus sérieuse attention : elle a été, non pas livrée au hasard, comme cela arrive trop souvent , mais réglée avec un soin particulier dans le collége projeté. On a cherché à offrir à chaque classe les ouvrages qui lui conviennent le mieux, et sous le rapport du genre dont ils traitent, et sous le rapport des difficultés matérielles que peut présenter leur explication. On s'est également appliqué à faire succéder ces ouvrages dans un ordre tel qu'ils se lient à l'enseignement spécial de chaque classe, et que les notions puisées dans l'un se complètent, autant que possible, par les notions puisées dans l'autre.

Les auteurs latins et grecs sont naturellement divisés en quatre séries : les historiens, les moralistes, les orateurs et les poètes.

Les historiens conviennent surtout aux élèves dont l'éducation commence, et parce que les récits qu'ils renferment sont plus à la portée de toutes les intelligences, et parce qu'ils offrent l'avantage de satisfaire la curiosité naturelle des enfans.

Ce seront des abrégés historiques de l'Ancien et du Nouveau Testament, qui serviront de texte aux explications de la huitième.

En septième et en sixième, on fera voir aux élèves un recueil de faits historiques détachés, et relatifs aux grands personnages de la Grèce et de Rome.

En cinquième, on expliquera les historiens qui traitent de l'histoire ancienne. Cette explication s'accordera heureusement avec l'enseignement spécial de l'histoire ancienne, qui, comme on le verra plus tard, aura lieu dans cette classe.

En quatrième, l'explication des auteurs qui ont écrit sur l'histoire romaine coïncidera également avec l'enseignement de l'histoire.

Arrivés à la classe de troisième, les jeunes gens ont déjà acquis un degré d'intelligence qui leur permettra de comprendre des ouvrages plus difficiles et plus abstraits que ne le sont les ouvrages historiques. Les moralistes latins et grecs seront, pendant la plus grande partie de l'année, le sujet des explications.

Les orateurs seront réservés pour la seconde et la rhétorique, deux classes qui peuvent être regardées comme le complément l'une de l'autre, et comme le couronnement des études littéraires. Ce qu'il y a de plus élevé dans la littérature leur appartenait à ce titre.

On suivra dans la distribution des poètes entre les diverses classes un ordre analogue à celui qui vient d'être indiqué pour la distribution des prosateurs des différens genres.

L'explication des poètes commencera en

sixième. L'apologue convient particulièrement à cette classe, et par la simplicité de son style et par la naïveté de ses formes.

En cinquième, on expliquera les poètes bucoliques et élégiaques, qui conservent quelque chose de la simplicité de la fable.

Les élèves de la classe de quatrième ont commencé à être exercés à la versification grecque et latine. On leur fera voir les poètes descriptifs, qui sont propres surtout à faire naître chez eux le sentiment de la poésie.

Les poètes épiques offerts à la troisième favoriseront puissamment l'essor de l'imagination dans les élèves de cette classe.

A la seconde appartiendront les poètes lyriques, satiriques, didactiques et comiques, qui, pour être compris, exigent un goût déjà exercé.

En rhétorique, l'étude des poètes tragiques s'associera heureusement à l'étude des orateurs, et fournira aux jeunes gens de nouvelles formes et de nouveaux modèles d'éloquence.

Pour rendre profitable, autant que possible, l'explication des poètes, le professeur de chaque classe fera connaître aux élèves les principes et les règles du genre de poésie qui sera l'objet de leurs études. Les développemens dans lesquels il

entrera sur chaque genre devront être proportionnés à l'âge et à l'intelligence des élèves. Courtes
et restreintes dans les classes inférieures, ses leçons prendront naturellement de l'extension dans
les classes plus élevées. Elles seront d'autant plus
faciles à comprendre, et elles porteront des fruits
d'autant plus certains, qu'elles trouveront toujours
une application immédiate.

A cet exercice, on en joindra un autre dont il
est permis d'espérer de grands résultats. Cet
exercice consistera dans la comparaison que les
professeurs des diverses classes feront chaque jour
des poètes anciens avec les poètes français du
même genre. On conçoit facilement que ces
comparaisons continuelles, que ces rapproche-
mens d'auteurs, qui, tout en offrant des points
de ressemblance, présentent aussi des différences
nombreuses, contribueront beaucoup à former
le goût et à mûrir le jugement des élèves.

Mais il ne suffit pas d'expliquer, d'étudier les
poètes, il ne suffit pas de les comparer entre eux :
les jeunes gens apprendront chaque jour par
cœur les passages les plus remarquables qu'ils
auront rencontrés dans le cours des explications,
et qui auront servi à ces comparaisons dont on
vient de parler. Ils les répèteront dans l'examen

de la fin de chaque mois, et ils les repasseront intégralement pour l'examen général de la fin de l'année. Cet exercice, qui aura commencé dès la sixième, et qui ne finira qu'avec la rhétorique, devra graver dans la mémoire des élèves les chefs-d'œuvre des poètes des trois langues, et y laisser des germes féconds pour l'avenir.

§ 4. *Enseignement spécial des langues anciennes dans chaque classe.*

CLASSES ÉLÉMENTAIRES.

Grammaire.

Dans les quatre premiers mois de la classe de huitième, l'enseignement des langues anciennes se bornera, comme pour la langue française, à la première partie de la grammaire.

Les deux grammaires dont on se servira pour les langues anciennes seront la grammaire latine de M. Lefranc, et la grammaire grecque de M. Courtaut. Ces grammaires ont été rédigées sur le même plan que la grammaire française, dont on a déjà parlé, et, entre autres avantages, elles offriront celui de l'uniformité dans l'enseignement.

Pendant le temps qui précédera la classe, le maître d'études inscrira lui-même sur la planche noire, le matin, vingt-cinq racines latines; le soir, vingt-cinq racines grecques. Ces mots resteront exposés à tous les yeux pendant toute la journée.

Durant le temps destiné à la classe, le maître élémentaire expliquera, le matin, quelques règles de grammaire latine; le soir, quelques règles de grammaire grecque. En outre, il exercera de vive voix les élèves sur les déclinaisons et sur les conjugaisons latines ou grecques. Il se servira pour cet exercice des racines latines ou grecques inscrites sur la planche noire. Il aura soin, comme cela a été dit pour la langue française, d'interroger successivement les élèves, et sans ordre prévu, sur un temps de verbe.

L'étude du soir sera employée par les élèves à décliner ou à conjuguer par écrit une partie des racines latines et grecques, déclinées ou conjuguées de vive voix dans la classe du matin et dans celle du soir.

Pendant le temps destiné aux leçons, les élèves apprendront par cœur les racines latines et grecques sur lesquelles ils auront été exercés la veille.

Ces quatre mois, employés exclusivement à l'étude de la première partie de la grammaire des deux langues anciennes, auront suffi pour familiariser les élèves, non seulement avec les déclinaisons et les conjugaisons, mais encore avec les racines latines et grecques, qu'il importe le plus de connaître, et dont le nombre n'excède guère seize cents. C'est le but qu'on a dû se proposer, et, ce but atteint, le temps consacré chaque jour à l'enseignement des deux grammaires pourra être réduit à une demi-heure, le matin, pour la langue latine, et à une demi-heure, le soir, pour la langue grecque.

L'étude de la syntaxe proprement dite aura lieu pendant tout le reste de l'année de la huitième.

L'étude de la syntaxe des idiotismes appartiendra à la classe de septième. On y joindra l'étude des mots dérivés et composés, dont la connaissance est si nécessaire pour le succès des études ultérieures.

L'enseignement de la syntaxe consistera, non seulement dans l'explication des règles, mais encore dans l'application de ces mêmes règles à un certain nombre de phrases faciles.

Les règles expliquées la veille seront apprises par cœur le lendemain. On répètera aussi chaque jour un certain nombre des racines latines et grecques apprises au commencement de la huitième, afin qu'elles restent gravées dans la mémoire d'une manière ineffaçable.

Les trois derniers mois de la classe de septième seront employés à repasser toute la grammaire latine et toute la grammaire grecque.

Ainsi, comme on le voit, l'enseignement de la grammaire latine et de la grammaire grecque correspondra parfaitement à celui de la grammaire française, et sera dirigé suivant la même méthode. Le résultat sera aussi le même, et l'étude spéciale des trois grammaires pourra, sans aucun inconvénient, cesser à la fin de la classe de septième. C'est ce qui paraîtra peut-être douteux à quelques personnes, mais c'est ce que l'expérience de la méthode d'enseignement indiquée ci-dessus permet d'affirmer.

Explication des auteurs.

L'explication des auteurs ne commencera qu'au cinquième mois.

La durée de l'explication, qui est de cinq quarts d'heure dans les autres classes, ne sera que d'une heure dans les classes élémentaires.

Les auteurs qu'on expliquera en huitième seront :

—Dans la classe du matin, l'*Epitome historiæ sacræ*, de Lhomond.

—Dans la classe du soir, l'Abrégé du nouveau testament en grec.

L'*Epitome historiæ sacræ* a été composé tout exprès pour les commençans, et l'auteur de cet ouvrage a parfaitement atteint le but qu'il s'était proposé.

L'Abrégé du Nouveau Testament grec sera rédigé de la même manière que l'Abrégé latin dont il doit être la suite et le complément.

Les auteurs que l'on expliquera en septième , seront :

—Dans la classe du matin, le *De viris illustribus urbis Romæ*.

—Dans la classe du soir, les *Histoires d'Elien*, en grec.

Le *De viris illustribus* a été composé, comme l'*Epitome*, pour les commençans. Lhomond s'est attaché dans cet ouvrage à ne présenter que des phrases extraites textuellement des auteurs latins, mais abrégées avec beaucoup d'habileté, et accommodées à l'intelligence des enfans. Seulement on ajoutera à ces deux ouvrages, en tête de chaque chapitre, de petits vocabulaires , conformément à ce qui a été dit à l'article des préparations. Il en sera de même pour les ouvrages en grec.

Quant aux histoires d'Elien, cet ouvrage, qui correspondra au *De viris*, ne conviendra pas moins que l'auteur latin aux élèves pour lesquels il est destiné.

Les maîtres élémentaires, en expliquant les auteurs anciens, exerceront soigneusement les élèves sur l'analyse logique et grammaticale.

Devoirs dictés par les Professeurs.

Les devoirs dictés offriront l'application des règles de syntaxe expliquées par les professeurs, et des locutions qui se seront rencontrées dans l'explication des auteurs.

Dans la première année, les devoirs seront relatifs à toute sorte de sujets; dans la seconde, ils seront rédigés de manière qu'ils forment un petit cours de mythologie.

Les devoirs seront au nombre de huit par semaine, savoir : quatre thèmes latins et quatre thèmes grecs.

Les élèves ne feront de versions que les jours de compositions pour les places. C'est par les thèmes seulement qu'on peut familiariser les enfans avec les principes des langues qu'ils étudient, et, d'ailleurs, ils sont assez exercés à la traduction par l'explication des auteurs.

Explication des auteurs.

Les auteurs qu'on expliquera en sixième seront,
— Pour la classe du matin :
Le *Selectæ è profanis scriptoribus historiæ;*
Les fables de Phèdre et de Faërne.
—Pour la classe du soir :
Un *Selectæ è profanis,* en grec ;
Les Fables d'Esope.

Le *Selectæ è profanis scriptoribus historiæ* est l'ouvrage qui convient éminemment à la classe de sixième, tant sous le rapport moral que sous le rapport littéraire. On peut cependant reprocher à son estimable auteur d'y avoir inséré une foule d'histoires traduites du grec, qui ne présentent qu'une latinité suspecte, et qu'on fera disparaître dans une nouvelle édition de cet ouvrage.

Aux Fables de Phèdre, on a cru devoir joindre celles de Faërne, qui ne datent que du seizième siècle, mais que leur latinité fit attribuer pendant quelque temps au siècle d'Auguste.

Le *Selectæ* grec sera fait sur le même plan et dans les mêmes vues que le *Selectæ* latin. C'est un ouvrage qui manque aux études, et pour lequel les auteurs anciens fourniront des matériaux aussi nombreux qu'intéressans ; on y fera reparaître dans la langue originale les morceaux traduits qu'on aura retranchés du *Selectæ* latin.

Les Fables d'Esope, qui sont la source où tous les fabulistes ont puisé, correspondront aux Fables de Phèdre et de Faërne, comme le *Selectæ* grec au *Selectæ* latin.

Le professeur comparera les Fables de Phèdre et de Faërne avec un choix des Fables de Lafontaine et autres fabulistes français. A ces comparaisons, il ajoutera de courtes notions sur l'Apologue.

Devoirs dictés par les professeurs.

Comme on explique dans la classe de sixième les Fables d'Esope et de Phèdre, les thèmes se rapporteront à l'Apologue, et chaque thème consistera en un petit récit destiné à prouver la même vérité que les fables latines ou grecques expliquées par le professeur.

Les versions se rapporteront à la géographie dont l'enseignement sera complété dans cette classe ; elles seront tirées de Pomponius Mela, de Strabon, et autres auteurs latins et grecs qui ont traité de la géographie.

Les devoirs seront au nombre de huit par semaine, savoir : un thème latin et un thème grec, qui seront faits le lundi; une version latine et une version grecque, qui seront faites le mardi, dans l'étude du soir, et le mercredi dans l'étude du matin; un thème latin et un thème grec, qui seront faits le jeudi; une version latine et une version grecque, qui seront faites le vendredi, dans l'étude du soir, et le samedi, dans l'étude du matin.

Explication des auteurs.

Les auteurs qu'on expliquera en cinquième, seront, pour la classe du matin :

Le *Compendium veteris historiæ*, de M. Gobert;

Les *Bucoliques de Virgile*, et un choix des *Tristes d'Ovide*.

— Pour la classe du soir :

La première partie du choix des historiens grecs, par M. Legay.

Un choix de Théocrite, de Moschus et de Bion.

Le *Compendium veteris historiæ* offre un tableau succinct de l'histoire ancienne, rédigé selon l'ordre historique, et formé des morceaux les plus intéressans de Justin, de Cornelius Nepos, de Valère-Maxime et de Quinte-Curce.

Les élèves ont déjà expliqué les fables d'Ésope et de Phèdre. Les deux genres qu'il a paru le plus convenable de leur faire connaître après l'apologue, sont le genre pastoral et le genre élégiaque. C'est pour cette raison qu'on a placé en cinquième les Bucoliques de Virgile et un choix des Tristes d'Ovide.

L'ouvrage de M. Legay est une suite de

morceaux choisis dans les historiens grecs, et liés entre eux par des analyses destinées à faire connaître en entier les auteurs dont il présente les extraits. La première partie contient les historiens les plus faciles à comprendre.

Les Idylles de Théocrite, de Moschus et de Bion, correspondront aux Bucoliques de Virgile et aux Tristes d'Ovide.

Le professeur comparera les Bucoliques de Virgile, les Tristes d'Ovide, les Idylles de Théocrite, de Moschus et de Bion, avec un choix de poésies pastorales et élégiaques en français.

Il donnera à ses élèves quelques notions sur la poésie pastorale et sur l'élégie.

N. B. Les élèves de la classe de cinquième commenceront à étudier la prosodie latine et la prosodie grecque.

Devoirs dictés par les professeurs.

Les thèmes se rapporteront à l'histoire ancienne, dont l'enseignement spécial aura lieu dans cette classe, et en seront comme le complément par les détails qu'ils offriront sur les lois, les arts, les lettres et les sciences chez les peuples anciens.

Les versions offriront les beaux morceaux des historiens anciens, que les bornes d'un abrégé n'ont permis de faire entrer ni dans le *Compendium veteris historiæ*, ni dans le choix des historiens grecs.

Les devoirs seront au nombre de huit par semaine, savoir : un thème latin et un thème grec, qui seront faits le lundi ; une version latine et une version grecque, qui seront faites le mardi, dans l'étude du soir, et le mercredi, dans l'étude du matin ; un thème latin et un thème grec, qui seront faits le jeudi ; une version latine et une version grecque, qui seront faites le vendredi, dans l'étude du soir, et le samedi, dans l'étude du matin.

Les auteurs qu'on expliquera en quatrième seront,

— Pour la classe du matin :

Le *Compendium Historiæ romanæ*, de M. Gobert.

Les Métamorphoses d'Ovide et les Géorgiques de Virgile.

— Pour la classe du soir :

La deuxième partie du choix des historiens grecs;
Un choix d'Hésiode.

Le *Compendium Historiæ romanæ* offre, pour l'histoire romaine, le même plan et les mêmes avantages que le premier a offerts pour l'histoire ancienne. Il réunit tout ce que Tite-Live, Florus, César, Salluste et Velleius-Paterculus présentent de plus intéressant.

Les Métamorphoses d'Ovide et les Géorgiques de Virgile conviennent particulièrement à la plus élevée des classes inférieures. Les Métamorphoses renferment dans le genre descriptif de très grandes beautés, et elles ont, de plus, l'avantage de présenter la mythologie sous une forme tout à la fois instructive et agréable. Les Géorgiques

offrent le plus parfait modèle de poésie descriptive , surtout dans ses épisodes célèbres qui seront le principal objet des explications.

La deuxième partie de l'ouvrage de M. Legay
est composée de Xénophon et d'Hérodote.

Les poèmes d'Hésiode, qui appartiennent au
genre descriptif, correspondront avec les Métamorphoses d'Ovide et les Géorgiques de Virgile.

Le professeur comparera les Métamorphoses
d'Ovide, les Géorgiques de Virgile et les poèmes
d'Hésiode, avec un choix de poètes descriptifs en
français.

Il donnera en même temps à ses élèves des notions suffisantes sur le genre descriptif.

N. B. Les élèves de la classe de quatrième commenceront à s'occuper de la versification latine et
de la versification grecque.

Devoirs dictés par les Professeurs.

Les thèmes se rapporteront à l'histoire romaine,
dont l'enseignement spécial appartiendra à la
classe de quatrième ; ils renfermeront sur les lois,
les arts, les lettres et les sciences chez les Romains des détails qui seront comme le complément des leçons d'histoire.

Les versions offriront les beaux morceaux des historiens anciens omis forcément dans les abrégés historiques grecs et latins, qu'on expliquera en quatrième.

Les devoirs seront au nombre de huit par semaine, savoir : un thème latin et un thème grec, qui seront faits le lundi ; une version latine et une pièce de vers latins, qui seront faites, l'une, le mardi, dans l'étude du soir, l'autre, le mercredi, dans l'étude du matin : un thème latin et un thème grec, qui seront faits le jeudi ; une version grecque, et une pièce de vers grecs, qui seront faites, l'une, le vendredi, dans l'étude du soir, l'autre, le samedi, dans l'étude du matin.

CLASSE DE TROISIÈME.

Explication des auteurs

Les auteurs qu'on expliquera en troisième seront,

— Pour la classe du matin :

Un choix de Tacite pendant les trois premiers
mois, et, pendant tout le reste de l'année, le choix
des moralistes latins, de M. Guérin ;

Un choix de poèmes épiques latins.

— Pour la classe du soir :

La dernière partie du choix des historiens grecs
pendant les trois premiers mois, et pendant le
reste de l'année, un choix des moralistes grecs,
et un choix de poèmes épiques grecs.

Tacite appartient naturellement aux classes
supérieures des lettres : c'est pour cette raison
qu'on l'a réservé pour la troisième. Avec la méthode d'explication indiquée pour cette classe et
les suivantes, trois mois suffiront pour expliquer
tout ce qu'il renferme de plus intéressant.

L'ouvrage de M. Guérin offre, dans le cadre
d'un cours complet de morale, tout ce qu'ont

écrit de mieux en ce genre les philosophes latins, particulièrement Cicéron et Sénèque. Chaque traité important de ces auteurs s'y trouve en totalité ou par portions, et des analyses bien faites, outre qu'elles donnent une idée de l'ensemble, servent encore à en lier toutes les parties, ou à suppléer tout ce qu'on n'a pas jugé à propos d'y insérer textuellement.

Le choix des poèmes épiques latins renfermera, comme partie principale, l'Enéide en entier, et, comme partie accessoire, les morceaux les plus justement estimés de Lucain, de Stace, de Silius Italicus, etc.

La dernière partie du choix des historiens grecs est consacrée à Plutarque et à Thucydide.

Le choix des moralistes grecs sera fait sur le même plan que le choix des moralistes latins, et donnera de la philosophie grecque la même idée que le premier donne de la philosophie latine. Ce second recueil ne sera pas difficile à faire; les matériaux abondent, et on ne sera embarrassé que pour le choix. On y ajoutera les beaux morceaux des pères grecs, et cette partie ne sera pas la moins intéressante de l'ouvrage.

Le choix des poèmes épiques grecs contiendra ce qu'il y a de plus intéressant dans l'Iliade et dans l'Odyssée, avec quelques extraits d'Apollonius, qui ne sont pas sans intérêt et qui ont aussi leur prix.

Le professeur comparera Virgile, Homère et les autres poètes épiques latins et grecs, avec un choix de poètes épiques en français.

Il donnera en même temps aux élèves les notions nécessaires sur le genre épique.

Devoirs dictés par les Professeurs.

Les thèmes ne se rapporteront plus exclusivement à l'enseignement historique, comme dans les classes précédentes; ils s'étendront à toute sorte de sujets, parce qu'à cette époque il faut laisser aux études plus de latitude et de variété.

Les versions offriront les plus beaux passages des historiens et des moralistes grecs qui n'auront point fait partie des recueils expliqués dans cette classe.

Les devoirs seront au nombre de huit par semaine, savoir : un thème latin et un thème grec, qui seront faits le lundi ; une version latine et une pièce de vers latins, qui seront faites le mardi dans l'étude du soir, et le mercredi, dans l'étude du matin ; un thème latin et un thème

grec, qui seront faits le jeudi ; une version grecque et une pièce de vers grecs, qui seront faites,
le vendredi, dans l'étude du soir, et le samedi,
dans l'étude du matin.

CLASSE DE SECONDE.

Explication des auteurs.

Les auteurs qu'on expliquera en seconde seront :

— Pour la classe du matin :

Un choix des discours de Cicéron ;

Un choix d'Horace, de Juvénal et de Perse ;

Un choix de Plaute et de Térence.

— Pour la classe du soir :

Un choix des discours des orateurs grecs ;

Un choix des poètes lyriques grecs, et un choix
d'Aristophane.

Le choix des harangues de Cicéron, destiné à
la seconde, comprendra les Catilinaires, le discours pour Roscius, les Verrines, et quelques
Philippiques.

Le choix d'Horace, de Juvénal et de Perse, offrira ce qu'il y a de plus intéressant dans le genre lyrique, dans le genre satirique et dans le genre didactique.

L'explication de Plaute et de Térence, qui succèdera à celle d'Horace, n'occupera les élèves que pendant les trois derniers mois.

Le choix des auteurs grecs comprendra, outre quelques discours de Lysias et d'Isocrate, les Olynthiennes de Démosthènes.

Le choix des lyriques grecs, qui correspondra aux odes d'Horace, renfermera les plus belles odes d'Anacréon et de Pindare.

Le choix d'Aristophane correspondra à celui de Plaute et de Térence, et sera également réservé pour les trois derniers mois. Ce temps suffira pour donner aux élèves une idée du genre comique chez les anciens.

Le professeur comparera Horace, Plaute, Térence et Aristophane, avec un choix de poètes français du même genre.

Il développera en même temps les principes du genre lyrique, du genre satirique, du genre didactique et du genre comique.

Devoirs dictés par les Professeurs.

Les narrations latines seront, dans cette classe, substituées aux thèmes. Cette innovation, introduite depuis quelques années dans les colléges, a pour elle des motifs de convenance et d'utilité. D'une part, les élèves qui sortent de troisième ont dû parcourir, dans la série des classes précédentes, toutes les difficultés que peuvent présenter les thèmes; il doivent connaître toutes les locutions, toutes les tournures de la langue latine et de la langue grecque, tant en elles-mêmes que comparativement aux locutions et aux tournures de la langue française : il ne reste donc plus qu'à leur en laisser faire l'application par eux-mêmes, et rien ne paraît plus propre que la narration pour conduire à ce but. On peut même dire que la narration sera un véritable thème pour ceux qui ont encore besoin de ce genre de travail. D'une autre part, la seconde n'est, à proprement parler, qu'une première année de rhétorique; il faut donc que les élèves se préparent aux travaux de cette classe par des travaux qui s'en rapprochent, et, sous ce rapport, on ne pouvait trouver rien de plus analogue aux discours de la rhétorique que les narrations de la seconde.

Les versions seront tirées des auteurs anciens qui ont écrit sur la rhétorique; elles offriront les plus beaux passages des traités de Cicéron, de Quintilien, d'Aristote et de Longin, et serviront comme d'introduction pour la classe suivante.

Les devoirs seront au nombre de huit par semaine, savoir : une version latine et une version grecque, qui seront faites le lundi; une narration latine, qui sera faite le mardi, dans l'étude du soir, et le mercredi, dans l'étude du matin, avec quelques vers français à traduire en vers latins; une version latine et une version grecque, qui seront faites le jeudi; une pièce de vers latins et une pièce de vers grecs, qui seront faites le vendredi, dans l'étude du soir, et le samedi, dans l'étude du matin.

CLASSE DE RHÉTORIQUE.

L'enseignement des règles de l'art oratoire doit précéder le cours de rhétorique. En conséquence les quinze jours qui suivront la rentrée des classes seront exclusivement consacrés à l'explication de ces règles. Le professeur y joindra des notions anticipées de logique, qui sont inséparables des préceptes de l'art oratoire.

Explications.

Les auteurs qu'on expliquera en rhétorique seront,

— Pour la classe du matin :

Un choix des discours de Cicéron;

Le *Conciones*, ou choix des harangues des historiens latins;

Le *Conciones poeticæ*, et un choix des tragédies de Sénèque.

— Pour la classe du soir :

Un choix des orateurs grecs;

Un choix d'Eschyle, d'Euripide et de Sophocle.

Le choix des discours de Cicéron, destiné à la rhétorique, comprendra les discours pour Marcellus, pour Ligarius, pour le poète Archias, pour Milon, pour la loi *Manilia*.

Le *Conciones* est un des ouvrages qui conviennent le plus spécialement à la rhétorique. Les discours qu'il renferme sont plus à la portée des jeunes gens que les discours de longue haleine, et plus analogues aux compositions sur lesquelles on exerce les rhétoriciens.

Le *Conciones poeticæ*, ou recueil tiré des discours des poètes épiques latins, offrira aux élèves l'occasion d'étudier, sous le rapport oratoire, ce qu'ils ont déjà expliqué dans les classes précédentes.

Un choix des tragédies de Sénèque est nécessaire pour donner une idée du genre tragique chez les Romains.

Le choix des orateurs grecs comprendra les Philippiques, de Démosthènes, et les discours d'Eschine et de Démosthènes sur *la Couronne*.

Le choix des tragiques grecs comprendra : le Prométhée et les Perses, d'Eschyle ; l'OEdipe roi, l'OEdipe à Colone et l'Electre, de Sophocle ; l'Iphigénie en Aulide et l'Hécube, d'Euripide.

Dans cette classe, les comparaisons des auteurs anciens avec les auteurs français ne se borneront plus aux poètes. Le professeur ne se contentera point de comparer Eschyle, Sophocle, Euripide, avec les tragiques français, et de développer les principes du genre tragique ; il opposera encore, aux grands orateurs de la Grèce et de Rome, les orateurs dont la France se glorifie, et il fera en même temps, aux uns et aux autres, l'application des règles enseignées au commencement de l'année scolaire.

Devoirs dictés par les Professeurs.

Les devoirs se borneront, en rhétorique, aux discours latins, aux discours français, et aux vers latins et grecs. Les versions seront supprimées. Après avoir si long-temps préparé les élèves, dans les classes précédentes, par l'exercice des traductions, il est temps, en rhétorique, de les livrer entièrement à eux-mêmes, dans des compositions qui leur appartiennent pour les pensées comme pour le style.

Les devoirs seront au nombre de quatre par semaine, savoir : une pièce de vers latins, qui sera faite le lundi ; un discours latin, qui sera fait le mardi dans l'étude du soir, et le mercredi dans l'étude du matin ; une pièce de vers grecs, qui sera faite le jeudi ; un discours français, qui sera fait le vendredi dans l'étude du soir, et le samedi dans l'étude du matin.

ARTICLE IV.

Les langues sont les liens des hommes. Autrefois que les communications de peuple à peuple étaient aussi rares que difficiles, l'enseignement des langues vivantes ne faisait point et ne devait point faire partie d'un plan d'études. Maintenant que les diverses nations ont autant de facilités que de penchant à se rapprocher, toute éducation qui n'offrirait pas le moyen le plus efficace de communication serait nécessairement incomplète. D'ailleurs l'étude d'une langue vivante, faite d'après la même méthode que celle des langues anciennes, ne peut que contribuer puissamment au développement général de l'intelligence.

Parmi le grand nombre de langues vivantes, on a dû choisir l'allemand et l'anglais, tant à cause de leur importance littéraire que de leur utilité pratique.

L'enseignement de la langue allemande et de la langue anglaise aura lieu dans le temps d'études qui précède le dîner.

Cet enseignement commencera dès la sixième, afin que les élèves, encore tout jeunes dans cette classe, puissent prendre une bonne prononciation; il ne finira qu'avec la rhétorique, afin que l'étude de ces deux langues, comme il arrive ordinairement, ne devienne pas illusoire par le peu de temps qu'on y consacre; car il vaudrait mieux ne pas les apprendre que de les apprendre imparfaitement et de manière à les oublier bientôt après.

Quant à la méthode d'enseignement, elle sera, pour ces deux langues, absolument la même que pour les langues anciennes, c'est-à-dire que, dans les classes inférieures, le texte de chaque auteur aura sa traduction imprimée séparément, et sur laquelle les élèves prépareront l'explication de chaque leçon; qu'outre cette traduction, chaque chapitre du texte sera précédé d'un vocabulaire où se trouveront tous les mots nouveaux, tant racines que dérivés et composés, avec le sens dans lequel ils seront employés; que le professeur, après l'explication, fera reproduire aux élèves, sur la traduction imprimée, le texte allemand ou anglais, et qu'enfin la dernière partie de la classe sera consacrée à la correction d'un thème fait précédemment.

La leçon sera précédée ou suivie d'une étude

destinée au travail particulier indiqué par le professeur.

Les ouvrages qu'on expliquera seront: un recueil de prose et un recueil de poésies, destinés, l'un aux classes de sixième, de cinquième et de quatrième; l'autre, aux classes de troisième, de seconde et de rhétorique.

Les poésies seront analogues aux poésies latines et grecques expliquées dans les différentes classes. Des Géorgiques de Virgile, on pourra, par exemple, rapprocher les Saisons de Thompson. L'étude de Pope se liera naturellement à l'étude d'Horace et de Boileau. Les beaux passages du Paradis Perdu de Milton et de la Messiade de Klopstock seront placés en face de quelques passages de l'Iliade et de l'Enéide Les créations dramatiques de Shakspeare et de Schiller seront opposées aux conceptions d'Eschyle, de Sophocle et d'Euripide, de Corneille et de Racine. De cette manière l'étude des langues vivantes ne sera plus isolée dans l'enseignement. En établissant de nouveaux moyens et des termes nouveaux de comparaison, elle agrandira le cercle des études littéraires et y répandra autant de variété que d'agrément.

Les maîtres d'études seront tenus d'assister aux leçons d'allemand et d'anglais, pour être en état de servir en quelque sorte de répétiteurs aux élèves et de converser avec eux dans les deux langues.

Les élèves, depuis la sixième jusqu'à la rhétorique inclusivement, seront obligés, quatre jours par semaine, de parler l'allemand et l'anglais, pendant tout le temps de la récréation qui suivra le dîner, savoir : l'allemand, le lundi et le mardi; l'anglais, le jeudi et le vendredi.

ARTICLE V.

GÉOGRAPHIE.

L'importance de la géographie est un fait qu'il suffit d'énoncer. Sans elle, l'intelligence des auteurs classiques sera difficile et restera incomplète. L'étude de l'histoire est impossible sans elle. Comment se former une idée juste et précise des évènemens, si l'on ne connaît pas bien la position, l'étendue et les limites des pays où ils se sont passés? Comment parvenir à les fixer dans sa mémoire, si le souvenir des faits et le souvenir des lieux, intimement liés ensemble, ne viennent à chaque instant se fortifier l'un par l'autre? La géographie, on a eu raison de le dire, est un des yeux de l'histoire.

L'enseignement de la géographie aura lieu dans les classes de huitième et de septième. Les élèves de huitième étudieront la géographie ancienne ; ceux de septième, la géographie moderne.

Les leçons de géographie seront données le samedi, dans la classe du matin, par les maîtres élémentaires attachés à chaque classe. Les élèves les reproduiront dans la classe qui précède le souper.

Avant la classe, on fera tracer sur la planche noire une carte muette des lieux qui devront être l'objet de la leçon. Cette carte restera exposée aux yeux des élèves pendant toute la journée.

Autrefois, les jeunes gens ne savaient de l'histoire que le peu qu'ils en avaient appris par l'explication des auteurs anciens, et on se plaignait universellement qu'une des parties les plus importantes de l'éducation fût négligée à ce point dans les colléges. Ces plaintes ont été entendues, et l'histoire occupe aujourd'hui dans l'enseignement le rang qu'elle doit y occuper. Les moyens d'instruction en ce genre sont devenus très abondans, grâce au zèle infatigable des professeurs de l'Académie de Paris qui nous ont donné des précis excellens, et qui ont déjà rempli en partie leur promesse d'histoires détaillées, nécessaires pour le développement de leurs précis. Ces ouvrages ont été rédigés dans le meilleur esprit, tant sous le rapport moral que sous le rapport politique ; et on en profitera dans le collége projeté, pour que les leçons d'histoire produisent tous les fruits qu'on doit en attendre.

L'enseignement de l'histoire durera six ans, depuis la sixième jusqu'à la rhétorique inclusivement.

Il commencera, en sixième, par l'enseignement de la géographie historique, destinée à faire repasser aux élèves ce qu'ils ont appris de géographie dans les deux classes élémentaires, et surtout à leur faire connaître d'une manière abrégée tous les peuples qui ont successivement occupé les différentes parties du globe. Les jeunes gens doivent avoir une idée générale de l'histoire, avant d'étudier les différentes parties dont elle se compose. Le professeur insistera particulièrement sur la géographie historique de la France, afin que les élèves aient sur l'histoire de leur pays des connaissances qu'ils ne sauraient acquérir trop tôt.

Dans les deux classes de cinquième et de quatrième, l'enseignement de l'histoire comprendra l'histoire ancienne, jusqu'à la destruction des royaumes fondés par les successeurs d'Alexandre, et l'histoire romaine, jusqu'à l'invasion des Barbares.

Dans les deux classes de troisième et de seconde, l'enseignement de l'histoire comprendra l'histoire du moyen âge jusqu'à la prise de Constantinople, et l'histoire moderne jusqu'à la révolution française de 1789. On insistera particulièrement sur l'histoire de France.

Dans la classe de rhétorique, l'enseignement de l'histoire consistera en un résumé de l'histoire générale, dans lequel le professeur s'attachera surtout à bien faire connaître l'histoire de France, la plus importante de toutes pour des Français.

La leçon d'histoire sera donnée dans toutes les classes, le samedi matin, et l'étude du soir, qui est de deux heures et demie, sera employée tout entière à la rédaction de cette leçon.

La leçon d'histoire a été placée dans toutes les classes le même jour, parce que cet enseignement sera confié au professeur de chaque classe, et non à un professeur spécial. On a voulu éviter l'inconvénient de faire apparaître chaque semaine, dans les diverses classes, un professeur extraordinaire qui n'a jamais l'autorité du professeur même de la classe. On a voulu en outre imposer aux professeurs des lettres l'heureuse obligation de bien savoir l'histoire, obligation qui est aujourd'hui si facile à remplir. Les professeurs spéciaux d'histoire peuvent être nécessaires dans les colléges royaux; mais cette nécessité n'existe point pour les colléges particuliers : il y en a un à Paris, où, pendant plusieurs années, le professeur de chaque classe a été chargé de l'enseignement de l'histoire, et cependant cela n'empêchait pas les élèves d'obtenir au concours général de brillans succès dans cette partie des études.

Le professeur, après avoir exposé dans la leçon les faits les plus remarquables, aura soin d'en faire connaître les causes principales, et montrera en même temps la récompense ou la punition des actions bonnes ou mauvaises ; il dictera ensuite aux élèves un certain nombre de questions historiques ou morales, qui seront comme l'analyse de la leçon qu'il vient de donner. Dans la dernière partie de la classe, il corrigera les rédactions de la semaine précédente, selon la méthode indiquée à l'article de la correction des devoirs.

Les rédactions seront remises le samedi soir aux professeurs qui les rendront aux élèves, le samedi suivant, avec leurs observations par écrit. On exigera qu'elles soient aussi soignées sous le rapport du style que sous le rapport historique, et cet exercice ne sera point le moins utile de tous pour apprendre aux élèves à écrire en français.

SECTION III.

ENSEIGNEMENT SCIENTIFIQUE.

*

On a déjà vu que l'enseignement scientifique est de deux années; qu'il comprend la philosophie, les sciences mathématiques et les sciences physiques; que la philosophie appartiendra à la première année ; les mathématiques à la première et à la seconde, et les sciences physiques à la seconde seulement.

ARTICLE IER.

LEÇONS DES PROFESSEURS ET RÉDACTIONS DES ÉLÈVES.

Tout le temps destiné à l'étude des sciences sera rempli par les leçons des professeurs et par la rédaction de ces mêmes leçons.

La leçon du professeur sera divisée en trois parties. Il la commencera par des interrogations sur la leçon précédente ; ensuite il expliquera la nouvelle leçon ; enfin, il fera lire un certain nombre des rédactions de la veille.

Toutes les leçons des professeurs seront rédigées avec soin par les élèves. Il n'y a pas de moyen plus efficace pour assurer le succès de l'enseignement. En fait de science surtout, on ne sait bien que les choses dont on s'est rendu compte par écrit.

Les rédactions auront lieu dans le temps d'étude qui suit et qui précède chaque leçon. Pendant le temps destiné aux rédactions, les quatre premiers de la classe feront l'office de répétiteurs. A cet effet, on placera autour de chacune des deux classes des sciences, quatre grandes planches noires. C'est là que, immédiatement après la classe, seront données, sous la surveillance du maître d'études, des leçons non moins profitables à ceux qui les donneront qu'à ceux qui les recevront. De cette manière tous les élèves seront mis en état de rédiger la leçon du professeur.

Le samedi, dans l'étude du soir, les élèves reverront avec soin toutes les rédactions de la semaine, et les corrigeront à la marge. Ces rédactions ainsi revues seront envoyées au professeur, qui les examinera et les rendra aux élèves, le vendredi suivant, avec ses observations écrites.

L'ensemble de ces rédactions formera pour chaque élève un cours de philosophie, un cours de mathématiques, et un cours de sciences physiques. A la fin de l'année, ces manuscrits seront présentés au directeur, revêtus de l'approbation des professeurs respectifs. Le directeur y apposera le sceau du collége, et sans doute les élèves mettront du prix à les conserver.

ARTICLE II.

ENSEIGNEMENT DE LA PHILOSOPHIE.

Le but de l'étude de la philosophie est d'enseigner aux jeunes gens l'art de raisonner, qui sera pour eux d'une si grande utilité dans tout le reste de leur vie, et de leur donner des idées saines, sur tout ce qu'il leur importe le plus de savoir. En outre, elle leur fournira les moyens d'approfondir les notions acquises, dans les classes précédentes, et d'en concevoir plus nettement les rapports, les principes et les conséquences. C'est pour ces divers motifs qu'on doit regarder l'enseignement philosophique comme l'indispensable complément des études littéraires.

Le cours de philosophie doit commencer naturellement par quelques observations préliminaires qui feront connaître l'objet de cette science, son importance et son utilité, ses rapports avec les autres sciences, les questions qu'elle embrasse, les principes d'où elle part, les moyens qu'elle emploie, et enfin la méthode qu'on doit adopter dans les recherches philosophiques.

L'enseignement de la philosophie se divisera en quatre parties, savoir : 1° la logique; 2° la métaphysique, qui comprendra la psychologie ou étude de l'esprit humain, et la théodicée, ou connaissance de Dieu et de ses attributs; 3° la morale; 4° l'histoire abrégée de la philosophie.

La logique a pour objet de diriger les opérations de l'entendement : on fixera donc d'abord l'attention sur les opérations principales; on donnera une idée aussi complète que possible de la marche et des procédés que doit suivre l'esprit humain dans la recherche de la vérité, et par conséquent on fera connaître les deux formes générales de la méthode, l'analyse et la synthèse; on indiquera leurs rapports et leurs différences; on montrera le but de chacune d'elles, et surtout on en fera voir les applications, ce qui conduira naturellement à parler de la définition, de la division, des classifications et de leurs règles, c'est-à-dire de tous les moyens de se faire des idées exactes, nettes et précises.

Viendra ensuite la question du jugement, dont on fera connaître la nature, le caractère, les différentes espèces, en le considérant, soit en lui-même, soit dans la proposition qui l'exprime; et, à cette occasion, on parlera des signes du langage dans leur rapport avec les pensées, ou autrement, on déterminera, par une analyse exacte, la nature et l'étendue de leur influence sur le développement de l'esprit humain.

La question du jugement se rattache nécessairement à celle de la certitude. On expliquera ce que c'est que la certitude, combien de sortes on en distingue, sur quoi elle repose, et quels sont les motifs qui la produisent. On s'arrêtera sur chacun de ces motifs en particulier, sur le sens intime, l'évidence, les rapports des sens et le témoignage des hommes. On s'étendra aussi sur l'analogie, l'induction et la déduction, dont l'influence est si générale.

On exposera de même la nature et le caractère du raisonnement considéré en lui-même et dans ses différentes formes. On expliquera en quoi ces formes diffèrent et se ressemblent, et on fera connaître les règles de chacune d'elles. On terminera la logique par l'indication des principaux sophismes et des moyens de les résoudre, des principales causes de nos erreurs et des moyens d'y remédier.

L'enseignement de la métaphysique commencera par la psychologie à cause des rapports de son objet avec la logique. On développera, à l'aide du raisonnement et d'une observation attentive, toutes les notions qui se rattachent aux phénomènes de l'intelligence. Ainsi, on fera connaître la nature des idées, leurs caractères distinctifs, leurs différentes espèces, leur origine ou la manière dont elles se forment, en prenant pour exemple quelques unes des plus importantes, comme celles de cause, de substance, de nécessité, etc. On recherchera si toutes les idées sont le produit des sens et de la réflexion, ou si, au contraire, la réflexion trouve dans l'intelligence des conceptions primitives antérieures à l'observation, et qui lui servent de règle à elle-même.

On exposera ensuite la théorie des facultés de l'âme, ce qui amènera à parler de la perception intérieure et extérieure, de la réflexion, de la mémoire, de l'abstraction, de l'association des idées, etc.... On s'étendra principalement sur l'activité de l'âme. On en donnera des preuves ; on décrira les phénomènes de la volonté dans toutes leurs circonstances, et on démontrera l'existence et l'objet de la liberté humaine.

Enfin, on établira la distinction de l'âme et du corps, en démontrant que les facultés de l'âme, et les phénomènes qui en résultent, ne peuvent appartenir qu'à un être simple, inétendu, et tout-à-fait distinct de la matière.

La théodicée comprendra l'exposé et le développement des preuves de l'existence de Dieu, la réfutation des systèmes du matérialisme, le détail et les démonstrations des principaux attributs de la divinité. On s'étendra particulièrement sur la Providence, et on répondra aux objections tirées du mal physique et du mal moral, soit contre la Providence, soit contre l'unité de Dieu.

On commencera l'étude de la morale en indiquant son objet, son importance et ses règles fondamentales, ce qui amènera quelques recherches sur la conscience et sur les lois. On examinera quels sont les divers motifs de nos actions, et l'on fera voir que le sentiment du devoir est au nombre de ces motifs et diffère de tous les autres. On décrira les phénomènes moraux sur lesquels repose le sentiment, c'est-à-dire, la perception du juste et de l'injuste, de l'obligation morale, du mérite et du démérite, etc...., d'où l'on sera conduit à prouver la distinction du bien et du mal, la nécessité d'une sanction à la morale, et, par conséquent, l'immortalité de l'âme, les peines et les récompenses de la vie future. Viendront ensuite l'exposition et le développement des principaux devoirs de l'homme envers lui-même et envers ses semblables, devoirs qui se rattachent tous à certaines vertus fondamentales, dont on fera voir les rapports, les règles, l'étendue et l'application, suivant les différentes circonstances. Le cours de morale se terminera par l'exposé des devoirs envers Dieu.

L'histoire de la philosophie est une étude immense, et dont on ne peut présenter qu'un aperçu. On n'y consacrera que le dernier mois du cours de philosophie.

L'enseignement de la philosophie aura lieu, dans l'après-dînée, le lundi, le mardi, le jeudi et le vendredi de chaque semaine.

Les leçons du professeur de philosophie, moins nombreuses que celles des autres professeurs, dureront une demi-heure de plus que dans les autres classes. Cette demi-heure sera exclusivement consacrée à l'argumentation. Le professeur indiquera lui-même, et les questions qui en seront l'objet, et les élèves qui seront chargés de présenter les objections et d'y répondre. L'argumentation était autrefois l'âme de l'enseignement philosophique. Ceux qui ont été à portée d'apprécier les avantages immenses de cette méthode applaudiront à son adoption dans le collége projeté.

ARTICLE III.

ENSEIGNEMENT DES SCIENCES MATHÉMATIQUES ET PHYSIQUES.

Pour que les jeunes gens s'occupent sérieusement des sciences mathématiques et physiques, il faut, comme on l'a déjà dit, attendre que leur esprit ait acquis une maturité convenable, et surtout séparer cette étude de toutes celles qui, pour être fructueuses, exigent la plus grande partie du temps des élèves. Cependant cette séparation ne doit pas être entière ; on a reconnu que des notions scientifiques donnent de la rectitude à l'esprit. D'ailleurs, il est convenable de ne pas transporter trop brusquement dans un ordre d'idées tout-à-fait différentes les jeunes gens qui viennent de terminer leurs études littéraires. C'est pour cela que l'enseignement des sciences sera composé d'un enseignement préparatoire, qui accompagnera celui des lettres, et d'un enseignement spécial, qui sera réservé pour les deux dernières années du cours d'études, et en sera le complément.

§ I. *Enseignement préparatoire des sciences.*

Dans les trois classes inférieures, les élèves recevront des leçons de calcul deux fois par semaine. On multipliera les applications des règles, et, au sortir de la sixième, ils auront fait un cours d'arithmétique proportionné à leur âge ; ils auront acquis cette facilité de calculer, qui leur sera si utile dans les classes des sciences, et qui trouvera de si fréquentes applications, même dans les classes des lettres.

Dans les classes de cinquième et de quatrième, des leçons de dessin linéaire et de perspective pratique familiariseront les élèves avec les lignes, les surfaces, les solides, et deviendront ainsi une excellente préparation au cours de géométrie, qui aura lieu dans la classe suivante.

En troisième, on fera faire aux élèves un petit cours de géométrie simplifiée. On se bornera, autant que possible, à des explications simples et claires des théorèmes, plutôt qu'on ne s'attachera à en donner des démonstrations rigoureuses. On ajoutera beaucoup d'applications numériques à la mesure des figures, des surfaces et des volumes.

En seconde, on enseignera la cosmographie. Les leçons de géométrie simplifiée, données en troisième, ont dû précéder cet enseignement, et en assureront le succès. Le professeur, en expliquant le système du monde et tout ce qui s'y rattache, aura soin d'élever les pensées des élèves vers l'auteur de tant de merveilles.

En rhétorique, on enseignera l'histoire naturelle. Cette étude est aussi utile qu'attrayante ;

mais elle n'exige pas une application trop soutenue, et c'est ce qui l'a fait réserver pour une classe où l'enseignement littéraire doit être presque exclusif. Les leçons d'histoire naturelle appelleront aussi des réflexions religieuses; le spectacle de la terre, comme celui du ciel, révèle partout la puissance, la sagesse et la bonté de Dieu.

Les leçons de géométrie simplifiée, de cosmographie et d'histoire naturelle auront lieu deux fois par semaine, dans l'étude qui précède le dîner, et seront confiées aux professeurs des sciences mathématiques et physiques.

Cette préparation à l'étude des sciences sera suffisante : si on lui donnait plus d'étendue, les lettres y perdraient beaucoup, et les sciences n'y gagneraient rien.

§ II. *Enseignement spécial des sciences.*

L'enseignement des mathématiques appartiendra aux deux années des sciences. On y consacrera toutes les matinées.

L'enseignement de la première année comprendra un cours complet d'arithmétique et de géométrie. On y ajoutera l'algèbre, au moins jusqu'aux équations du second degré inclusivement, et les élémens de trigonométrie rectiligne.

On commencera le cours de mathématiques de la seconde année par la statique, afin de rendre plus facile la tâche du professeur de physique, et d'éviter un double emploi. Puis viendront dans l'ordre qui paraîtra le plus convenable au professeur, l'algèbre complète, la trigonométrie rectiligne et sphérique, l'application de l'algèbre à la géométrie ou sections coniques, et les élémens de géométrie descriptive.

L'enseignement des sciences physiques appartiendra à la seconde année des sciences. On y consacrera toutes les après-dînées, excepté celles du mercredi et du samedi. Il comprendra la physique proprement dite, la chimie et les élémens de la géologie.

Cet enseignement renferme l'ensemble des connaissances exigées pour l'admission à l'école polytechnique. On trouvera peut-être qu'il ne doit pas être appliqué à tous les élèves sans distinction, qu'il convient seulement à ceux pour qui les mathématiques doivent être un moyen d'avenir, et que, pour les autres, une grande partie de cette instruction scientifique est superflue.

Pour répondre à cette objection , il suffira peut-être de dire que ce superflu était, dans l'ancienne Université, regardé comme nécessaire. En effet, le livre qui servait de base à l'enseignement des mathématiques était le cours de La Caille, augmenté par Marie, ouvrage fort étendu où se trouvait même compris le calcul différentiel et intégral. Tous les élèves étaient obligés de suivre ce cours en entier. Pourquoi ce qui se faisait à une époque où l'étude des sciences venait de commencer dans les colléges, ne se ferait-il pas lorsqu'elle est arrivée à un si haut degré de perfection ? On doit vraiment regretter que l'Université nouvelle, par l'étrange distinction des mathématiques élémentaires et des mathématiques spéciales, ait établi des espèces de catégories dans l'enseignement des sciences exactes, et que la réalité de cet enseignement ait été réservée pour les candidats à l'Ecole polytechnique, tandis qu'il n'en reste plus que l'apparence pour les jeunes gens qui se destinent aux fonctions civiles. C'est aujourd'hui surtout qu'un fort enseignement scientifique, commun à tous les élèves, n'est pas moins indispensable qu'un fort enseignement littéraire. Les connaissances acquises dans ces deux dernières années du cours d'études doivent être

pour tous d'une utilité réelle et d'une fréquente
application dans les diverses circonstances de la
vie. C'est pour ce motif qu'on a étendu le même
enseignement à tous les élèves, abstraction faite
des carrières qu'ils se proposent de parcourir.

On objectera peut-être aussi que, l'enseignement littéraire une fois terminé, il sera difficile
de retenir au collége les élèves impatiens d'en
sortir. Cette objection ne paraît pas très fondée.
En effet, les élèves, à la fin du cours des études
littéraires, n'auront encore que seize ans, et ils
ne peuvent pas raisonnablement demander que
leur éducation se termine à cet âge. Si aujour-
d'hui les jeunes gens répugnent à faire les deux
années des sciences, c'est qu'ils sont pour l'ordinaire âgés de dix-sept ou dix-huit ans, au sortir de la
rhétorique. Il n'en sera pas ainsi dans un établissement où l'époque de l'entrée des élèves est fixée
de telle manière que celle de leur sortie ne dépassera pas dix-huit ans. On peut donc espérer que, si
quelques élèves avaient assez peu de raison pour
demander ce qu'ils regretteraient un jour d'avoir
obtenu, les parens auraient assez de courage pour
résister à l'impatience mal entendue de leurs enfans.

On croit aussi pouvoir assurer que l'enseignement de ces deux années sera suffisant pour mettre les élèves en état de paraître avec succès aux examens de l'École Polytechnique. En admettant qu'il ne suffît pas à quelques uns, il leur restera encore une année au moins pour des études supplémentaires.

SECTION IV.

*

Les leçons d'arts et d'agrément font nécessairement partie d'une éducation soignée. Elles seront toutes aux frais du collége, excepté celles de musique instrumentale.

ARTICLE IER.

ÉCRITURE.

Les leçons d'écriture appartiendront aux classes de huitième, de septième et de sixième. Elles seront données le mercredi et le samedi, dans l'après-dînée, pendant l'étude qui précède la promenade. Ces leçons, continuées ainsi durant trois années, seront plus que suffisantes pour donner aux enfans une belle écriture.

Les leçons d'écriture seront données par un maître spécial.

ARTICLE II.

DESSIN.

Il y aura, comme on l'a vu, dans chacun des deux colléges, une salle spécialement consacrée au dessin.

Les leçons de dessin commenceront en cinquième, et seront continuées jusqu'à la fin du cours d'études.

Il y aura deux maîtres de dessin, l'un pour le petit collége, l'autre pour le grand.

Les leçons de dessin, dans le petit collége, seront des leçons de dessin linéaire et de perspective pratique.

Les leçons de dessin, dans le grand collége, seront des leçons de figure et de paysage.

Les leçons de dessin auront lieu dans les après-

dînées du mercredi et du samedi, avant la promenade.

ARTICLE III.

MUSIQUE.

La musique est vocale ou instrumentale.

Les leçons de musique vocale sont avec raison
regardées comme nécessaires, et cette partie de
l'éducation est trop négligée en France. Elle ne
le sera pas dans le collége projeté.

Les élèves des classes élémentaires recevront
des leçons de musique vocale, le lundi, le mardi,
le jeudi et le vendredi, avant le souper, et ceux
des trois classes suivantes, le mercredi, dans
l'étude du soir.

Ces leçons, qui cesseront à la fin de la quatrième,
seront en quelque sorte continuées dans toutes
les autres classes par l'application qu'on en fera
au chant religieux, les jours de dimanche et de fête.

Les leçons de musique instrumentale sont
moins nécessaires, et le collége ne les doit point
aux élèves. Les parens seront libres d'en faire

donner à leurs enfans, mais seulement dans le temps destiné aux récréations.

ARTICLE IV.

DANSE ET ESCRIME.

Les leçons de danse, destinées à faire contrac-ter aux enfans l'habitude d'un maintien décent, appartiendront aux cinq classes inférieures. Elles seront données dans la salle de réunion du petit collége.

Les leçons d'escrime supposent plus de forces, et on les a réservées pour les élèves des cinq classes supérieures. Elles seront données dans la salle de réunion du grand collége.

Les leçons de danse et d'escrime auront lieu le mercredi dans l'étude qui précède le souper.

Ce cours d'études ne laisse absolument rien à désirer, soit pour les auteurs grecs et latins, dont la plus la plus grande partie passera, comme on l'a vu, sous les yeux des élèves; soit pour les auteurs français, qui, pendant six ans, seront chaque jour comparés avec les auteurs anciens du même genre; soit pour l'histoire, dont les élèves recevront, pendant le même espace de temps, des leçons préparées et rédigées avec le plus grand soin; soit pour les deux langues vivantes qu'il importe le plus de connaître, et dont l'étude durera également six ans; soit pour l'enseignement scientifique auquel on préparera les jeunes gens dès le commencement du cours d'études, et dont ils seront occupés exclusivement pendant les deux dernières années; soit enfin pour les leçons d'arts et d'agrément qui auront lieu deux fois par semaine dans toutes les classes.

CHAPITRE IV.

Discipline.

*

ARTICLE IER.

DISPOSITIONS DIVERSES.

Outre la surveillance générale du directeur, les deux sous-directeurs, dont les logemens ont été disposés de manière que les élèves soient constamment sous leurs yeux, exerceront une surveillance spéciale et continuelle. Lorsqu'ils seront obligés d'en suspendre l'exercice, ils en préviendront les maîtres suppléans, chargés de les remplacer.

Aucun élève ne pourra être appelé pendant le

temps des classes ou pendant le temps de l'étude, si ce n'est sur une permission écrite du directeur ou des sous-directeurs.

Les professeurs, pendant la classe, n'accorderont point aux élèves la permission de sortir, si ce n'est pour cause d'indisposition, et il en sera rendu compte au directeur.

Les maîtres d'études ne laisseront sortir les élèves qu'après la première heure de l'étude.

Tous les dimanches, les maîtres d'études feront la revue des livres et des cahiers des élèves, et en rendront compte par écrit aux sous-directeurs.

Dans les dortoirs, le silence sera d'une obligation rigoureuse, et toute communication d'une chambre à l'autre sera sévèrement interdite.

Dans tous les exercices, les élèves marcheront en ordre et en silence.

Un garçon de classe, placé au centre de chacun des deux colléges, sera constamment aux ordres de tous ceux qui seront chargés du maintien de la discipline.

Un domestique exerçant un métier aura son logement près des chambres d'arrêts, et sera chargé de les surveiller.

ARTICLE II.

VISITES, CORRESPONDANCES ET SORTIES.

Les visites ne pourront avoir lieu qu'au parloir, et qu'avec la permission expresse du directeur, ou des sous-directeurs, en son absence.

Lorsque cette permission sera obtenue, le garçon de classe ira chercher l'élève demandé et le conduira au parloir.

Les élèves ne recevront de visites que de leurs pères, mères ou correspondans reconnus ; elles n'auront lieu que pendant la récréation qui suit le dîner. Le directeur et le procureur-gérant, dont les logemens sont contigus au parloir, donneront aux parens tous les renseignemens qu'ils pourront désirer.

Les élèves n'auront de correspondance qu'avec les personnes dont ils pourront recevoir la visite.

Les lettres adressées aux élèves et celles qu'ils écriront, seront toutes remises au directeur, qui les fera parvenir à leur destination.

Les élèves sortiront tous les dimanches. Ces

sorties ne seront accordées qu'à ceux qui auront satisfait leurs maîtres sous le rapport de la conduite comme sous celui du travail.

Les élèves ne pourront sortir avant dix heures; ils devront être rentrés, en tous temps, à huit heures un quart, pour assister à l'office qui, comme on l'a vu, remplacera, les jours de dimanche, la lecture religieuse du soir.

On n'accordera point la permission de découcher, excepté le premier jour de l'an, et dans des cas extraordinaires qui seront soumis à la décision du directeur.

Les élèves ne pourront être confiés qu'à leurs pères, mères, tuteurs, ou à ceux qui justifieront d'un pouvoir spécial par écrit, émané des pères, mères, ou tuteurs; ils seront ramenés le soir, par leurs parens ou par leurs représentans reconnus, qui les remettront eux-mêmes au directeur.

ARTICLE III.

NOTES SUR LA CONDUITE ET LE TRAVAIL DES ÉLÈVES.

Il y aura dans chaque classe un journal destiné à recevoir les notes que chacun des élèves aura méritées chaque jour, soit pour la conduite, soit pour le travail.

Le relevé du journal de chaque classe sera transmis tous les soirs au directeur, chez lequel les deux sous-directeurs se réuniront, après la prière, pour examiner avec lui les notes de tous les élèves. C'est dans cette réunion que seront arrêtées pour le lendemain les mesures de discipline qui seront jugées nécessaires.

Le samedi, à la fin de l'étude qui précède le dîner, le résumé des notes des professeurs et des maîtres sur la conduite et le travail des élèves, sera remis au directeur, qui, au commencement de l'étude du soir, se rendra avec les sous-directeurs, dans les diverses classes, pour y faire lire ces notes en sa présence, et distribuer aux élèves l'éloge ou le blâme.

Le dimanche matin, les sous-directeurs transmettront au directeur ces mêmes résumés, après les avoir inscrits sur un registre particulier. Ces registres, à la fin de chaque année, seront déposés dans les archives du collége, et formeront ainsi un monument perpétuel de la bonne ou de la mauvaise conduite des élèves.

Dans la première semaine de chaque mois, on adressera aux parens le résumé des notes du mois précédent.

On doit voir, d'après ces divers règlemens, que chaque élève sera suivi comme dans l'éducation domestique la plus soignée.

ARTICLE IV.

PUNITIONS.

On a lieu d'espérer que les punitions seront rares dans une maison qui ne doit se régénérer que par des enfans de huit ans, et où il sera si facile de former et d'entretenir un bon esprit.

Les punitions seront de deux sortes, les unes relatives à la conduite, les autres relatives au travail.

Les punitions relatives à la conduite seront : 1° La honte d'être assis dans la classe sur un banc à part ; 2° la privation de sortie ; 2° les arrêts ; 4° l'exclusion du collége.

La première de ces punitions sera appliquée pour les fautes légères ; la seconde pour un ensemble de mauvaises notes pendant la semaine.

Les arrêts ne pourront être ordonnés que par le directeur, qui en déterminera la durée, de concert avec les professeurs et les maîtres. Le directeur fera appeler l'élève qui devra être envoyé aux arrêts, lui adressera une remontrance paternelle, et tâchera de le convaincre qu'il est plus affligé que lui-même de la punition à laquelle il est forcé de le condamner.

Pendant tout le temps que les élèves resteront aux arrêts, ils seront occupés à une tâche extra-ordinaire qui sera réglée par le directeur. En outre, ils seront obligés d'apprendre les mêmes leçons, de faire les mêmes devoirs que s'ils suivaient la classe. Les sous-directeurs seront chargés, chacun pour leur collége, de faire réciter les leçons. Quant aux devoirs, ils seront envoyés aux professeurs pour être corrigés avec ceux des autres élèves. C'est ainsi qu'on préviendra le danger de l'oisiveté et les inconvéniens de l'interruption des études.

Un élève qui, pendant la semaine, aura mérité d'être envoyé aux arrêts, sera privé de sortie le dimanche suivant.

L'exclusion du collége ne pourra avoir lieu que de l'avis du conseil convoqué à cet effet.

Les punitions relatives au travail seront : 1° la retenue; 2° la privation d'une partie des vacances.

La retenue ne sera ordonnée que pour devoirs

négligés et leçons mal sues. Elle ne pourra avoir lieu qu'une fois par jour, c'est-à-dire, pendant la récréation qui suit le dîner.

L'élève puni pour un devoir négligé, apportera à la salle de retenue le texte de ce devoir, sur lequel il reproduira par écrit le corrigé, sans autres secours que les réminiscences de la correction faite en classe par le professeur. Si cette reproduction est approuvée, il recouvrera sur-le-champ sa liberté. L'élève puni pour leçons mal sues, les apprendra de nouveau à la salle de retenue, et en sortira dès qu'il les aura récitées d'une manière satisfaisante. Ce seront les maîtres d'études qui seront chargés de constater cette double réparation, et cela leur sera facile ; car ils assisteront aux récréations près des portiques des classes, et c'est à l'extrémité de ces portiques que les salles de retenue ont été établies pour chaque collége. Les élèves ne seront admis qu'une seule fois à la récitation des leçons.

De cette manière, on donnera aux retenues le double caractère que doit avoir toute punition ; on les rendra tout à la fois courtes et utiles, et on épargnera à la jeunesse ces interminables *pensum* que tout le monde réprouve, mais que l'usage maintient.

La privation d'une partie des vacances sera imposée à ceux des élèves qui auront mal répondu à l'examen de la fin de l'année, et elle ne cessera que lorsqu'ils auront subi avec succès un nouvel examen. La crainte seule de cette punition doit être, pendant toute l'année, un préservatif assuré contre la paresse.

ARTICLE V.

MOYENS D'ENCOURAGEMENT.

Le samedi, après la proclamation de places de la composition, le premier de chaque classe ira présenter au directeur la liste des places et les quatre meilleurs devoirs de la composition. Le directeur les examinera, et fera successivement appeler les quatre premiers de chaque classe pour leur témoigner sa satisfaction. Ces devoirs seront réunis à la fin de l'année, et formeront une petite collection qui sera déposée dans les archives du collége.

Les élèves qui auront obtenu les quatre premières places, occuperont dans la classe un banc séparé ou banc d'honneur. En outre, leurs noms seront inscrits le dimanche matin sur un tableau qui demeurera exposé dans le parloir jusqu'au dimanche suivant.

Le premier de chaque classe marchera à la tête de ses camarades dans tous les exercices, à moins que sa conduite n'ait pas répondu à ses succès. Dans ce cas, le premier serait remplacé par le second. Il faut bien faire comprendre aux jeunes gens que les talens, sans la conduite, méritent peu de considération.

Au commencement de chaque mois, les élèves qui, d'après l'ensemble des compositions du mois, auront obtenu les deux premières places, recevront chacun un prix.

Ces divers encouragemens prouveront aux élèves l'importance qu'on attache à leurs succès, et contribueront puissamment à entretenir une heureuse émulation dans le collége.

CHAPITRE V.

Examens de la fin de l'année, prix et vacances.

SECTION I.

EXAMENS DE LA FIN DE L'ANNÉE.

*

Les examens sont l'âme de l'instruction publique. Il n'y a pas de moyen plus sûr de graver fortement dans l'esprit des jeunes gens ce qui a été l'objet de leurs études. En conséquence, outre les répétitions de chaque mois, dont il a été parlé à l'article des leçons et qui seront de véritables examens, il y aura dans chaque classe, à la fin de l'année, un examen général sur toutes les parties de l'enseignement. Mais pour que ces examens produisent l'effet qu'on en peut attendre, ils ne doivent pas être faits, comme cela arrive trop souvent, d'une manière superficielle : il faut qu'on ait le temps d'examiner à fond les élèves sur tout ce qui leur a été enseigné dans le cours de l'année ; il faut aussi qu'on attache aux prix d'examens autant d'importance qu'aux autres prix. Afin que cette double condition du succès des examens puisse être remplie, on les fera durer chaque année un mois entier, à partir du 25 juillet, et on les terminera avec une grande solennité.

Les examens se diviseront en examens particuliers et en examens publics.

ARTICLE I.

EXAMENS PARTICULIERS.

Les examens particuliers dureront dix-huit jours, en y comprenant le temps destiné à repasser ce qui en sera l'objet. Ces examens seront faits par les professeurs, dans les deux classes du matin et du soir. Les élèves s'y prépareront pendant l'intervalle d'une classe à l'autre. A mesure qu'ils seront interrogés, le professeur prendra des notes sur la manière dont ils auront répondu, et, d'après ces notes, il assignera la place que chaque élève aura méritée. Lorsque l'examen sur une partie spéciale des études sera terminé, il sera immédiatement suivi de compositions relatives à cette partie de l'enseignement.

Les examens particuliers pour les classes des lettres seront réglés comme il suit :

Six jours pour les examens relatifs à la langue latine. Dans les dernières classes de ces six jours, composition en thème latin et en version latine, pour les élèves de huitième, de septième, de sixième et de cinquième : en thème latin, en version latine et en vers latins, pour la quatrième et la troisième; en narration latine, en version latine et en vers latins, pour la seconde; en discours latin et en vers latins, pour la rhétorique.

Six jours pour les examens relatifs à la langue grecque. Dans les dernières classes de ces six jours, compositions en thème grec et en version grecque, pour la huitième, la septième, la sixième et la cinquième; en thème grec, en version grecque et en vers grecs, pour la quatrième, la troisième et la seconde; en vers grecs et en discours français, pour la rhétorique.

Six jours pour les examens sur les objets étrangers aux langues anciennes. Dans les dernières classes de ces six jours, compositions en grammaire française et en géographie, pour les classes de huitième et de septième ; en histoire, en anglais, en allemand, pour toutes les classes depuis la sixième jusqu'à la rhétorique ; en géométrie simplifiée, pour la troisième ; en cosmographie, pour la seconde ; en histoire naturelle, pour la rhétorique.

Les examens particuliers pour les classes des sciences seront réglés comme il suit :

Dans les classes du matin, examen sur les mathématiques pour les deux années ; dans les classes du soir, examen sur la philosophie pour les élèves de la première année, sur les sciences physiques, pour ceux de la seconde année.

Dans les derniers jours, compositions en philosophie, en mathématiques et en sciences physiques.

ARTICLE II.

EXAMENS PUBLICS.

Les examens publics seront réservés pour les cinq élèves de chaque classe, qui se seront le plus distingués dans les examens particuliers ; ils auront lieu dans la salle de réunion de chacun des deux colléges, en présence des fonctionnaires de l'Université qu'on y invitera, des parens qui désireront y assister, et de tous les fonctionnaires de la maison.

Les examens publics dureront cinq jours ; ils commenceront à une heure après midi, et finiront à cinq heures.

Le premier jour, examen pour les deux classes élémentaires ; le second, pour les classes de sixième et de cinquième ; le troisième, pour les classes de quatrième et de troisième ; le quatrième, pour la seconde et la rhétorique ; le cinquième, pour les deux classes des sciences.

Le jour de l'examen, les professeurs présenteront cinq feuilles séparées, dont chacune offrira le programme d'une des parties spéciales de l'enseignement. On déposera ces feuilles dans une urne d'où elles seront successivement tirées au hasard. Un élève appelé avant chaque tirage, sera interrogé exclusivement sur la partie des études qui aura été indiquée par le sort. Les personnes présentes à l'examen pourront suivre les interrogations sur un programme général qui aura été mis sous leurs yeux, et qui renfermera l'ensemble des objets portés sur chaque feuille.

Comme on n'interrogera que dix élèves par jour, l'examen de chacun d'eux durera environ vingt-cinq minutes, et ce temps suffira pour qu'on puisse bien s'assurer du succès des études.

Les notes que les professeurs prendront sur la manière dont les élèves auront répondu, serviront à régler les places pour les prix d'examen. De cette manière les examens publics seront une espèce de concours public entre les premiers de chaque classe.

SECTION II.

Lorsque les examens seront terminés, il y aura dans le collége une distribution solennelle de prix.

Les prix seront réglés, non seulement d'après les places de composition de chaque semaine, mais encore d'après les compositions de la fin de l'année, dont chacune comptera pour trois. Il n'est pas juste de faire dépendre les prix du hasard d'une seule composition; mais aussi, il faut faire la part de la fortune, pour ne pas décourager les élèves, et on lui a laissé ici tout ce qu'on ne devait pas lui enlever.

On accordera :

Deux prix et six *accessit* pour la philosophie, pour les mathématiques et les sciences phy-siques.

Deux prix et six *accessit* pour les langues anciennes, pour la géographie et pour l'histoire.

Deux prix et quatre *accessit* pour l'enseignement préparatoire des sciences.

Deux prix et quatre *accessit* pour la langue allemande, pour la langue anglaise, pour le dessin et pour l'écriture.

Enfin deux prix et trois *accessit* pour les examens.

Les élèves auront dans leur chambre une petite bibliothèque, destinée à renfermer les ouvrages qu'ils auront reçus en prix ; ils seront obligés de les représenter à leur sortie du collége, et à ce moment on les exhortera à ne jamais se séparer de ces livres qui leur rappelleront des plaisirs que le maréchal de Villars mettait de niveau avec celui d'une première victoire.

SECTION III.

*

Les vacances commenceront le jour même de la distribution des prix, et finiront le dernier jour de septembre.

Les élèves qui resteront au collége pendant les vacances seront occupés environ six heures par jour. Les soins à donner aux élèves seront partagés, dans chacun des deux colléges, èntre les divers maîtres qui seront désignés à cet effet.

Les élèves ne devront pas rester tout-à-fait oisifs pendant le temps destiné aux vacances. C'est pour cette raison qu'à la fin de l'année scolaire les professeurs leur donneront une tâche qui les occupera au moins trois heures par jour. Cette tâche consistera à traduire, d'après l'indication des professeurs, quelques morceaux choisis des auteurs qui devront être expliqués l'année sui-

vante. A la rentrée des classes, les sous-directeurs se feront représenter ces traductions; les
maîtres d'études les examineront avec soin, et feront sur le travail de chaque élève un rapport
écrit qui sera remis au professeur de chaque
classe avant le 15 octobre. Ainsi les élèves,
même pendant les vacances, ne seront point
étrangers au collége.

CHAPITRE VI.

Régime physique.

---

*

La nourriture sera saine et abondante : elle sera la même pour les maîtres et pour les disciples. L'heure des repas sera aussi la même. Seulement les fonctionnaires principaux mangeront dans un réfectoire séparé.

Tous les détails relatifs à la propreté, qui importe tant à la santé des élèves, seront confiés à un inspecteur particulier. En outre, tous les matins, les maîtres d'études s'assureront par une revue individuelle que les élèves n'ont rien négligé de ce qui concerne la propreté, et ils en feront par écrit leur rapport aux sous-directeurs.

Les élèves des classes élémentaires recevront, à raison de leur âge, des soins particuliers, sous la direction d'une femme de confiance, qui sera exclusivement chargée de cet objet.

On établira, dans le même but de propreté et de santé, des bains spacieux, où le nombre des baignoires sera tel que les élèves du grand et du petit colléges pourront alternativement se baigner une fois tous les quinze jours.

En cas de maladie, les élèves recevront les soins les plus empressés dans deux infirmeries, l'une pour les malades non alités, l'autre pour les malades alités.

L'infirmerie des malades non alités sera divisée en deux parties, l'une pour le grand, l'autre pour le petit collége. Au centre de ces deux divisions sera placé un des maîtres suppléans, chargé de maintenir l'ordre, et de veiller à ce que les élèves à qui leur santé permet de travailler ne perdent pas leur temps.

L'infirmerie des malades alités sera également divisée en deux parties, l'une pour le grand, et l'autre pour le petit collége. Entre ces deux divisions se trouvera la chambre de l'infirmière en chef, qui pourra ainsi donner plus facilement ses soins aux malades.

On voit que toutes les mesures ont été prises pour que les élèves, en maladie comme en santé, soient soumis à la surveillance la plus active.

CHAPITRE VII.

Bibliothèque, cabinet de physique et d'histoire naturelle.

Une grande salle sera destinée à une bibliothèque pour les lettres et pour les sciences.
Cette bibliothèque sera ouverte à tous les fonctionnaires ; et les élèves pourront y recevoir des
livres, avec une permission expresse du directeur.

Des cabinets de physique et d'histoire naturelle seront placés de chaque côté de la bibliothèque.

La salle de la bibliothèque, qui sera très vaste,
pourra servir pour la distribution des prix.

Tableaux

DES ÉTUDES.

PLAN D'ÉDUCATION,

Tableau général des étud

ÉTUDE AVANT LE DÉJEUNER.	CLASSE DU MATIN.	ÉTUDE AVANT LE DINER.
		CLASSE
Le lundi, le mardi, le jeudi, le vendredi , leçons latines et françaises, et préparations des auteurs. Le mercredi, le samedi, achèvement des devoirs dictés par les professeurs.	Le lundi, le mardi, le jeudi, le vendredi, langue latine. Le mercredi, composition. Le samedi, géographie ancienne.	Le lundi, le jeudi, inst tion religieuse. Le mardi, le vendredi, cul. Le mercredi, le samedi , gue française.
		CLASSE
Idem.	Le lundi, le mardi, le jeudi, le vendredi, langue latine. Le mercredi, composition. Le samedi, géographie moderne.	Le lundi, le jeudi, lai française. Le mardi, le vendredi , struction religieuse. Le mercredi, le samedi, cul.
		CLASSE
Idem.	Le lundi, le mardi, le jeudi, le vendredi, langue latine. Le mercredi, composition. Le samedi, géographie historique.	Le lundi, le jeudi, lan allemande. Le mardi, le vendredi, l gue anglaise. Le mercredi, le samedi, struction religieuse.
		CLASSE
Idem.	Le lundi, le mardi, le jeudi, le vendredi, langue latine. Le mercredi, composition. Le samedi , histoire ancienne.	Le lundi , le mercredi , vendredi, langue allemande Le mardi , le jeudi, le medi, langue anglaise.
		CLASSE
Idem.	Le lundi, le mardi, le jeudi, le vendredi, langue latine. Le mercredi, composition. Le samedi , histoire romaine.	Le lundi , le mercredi, vendredi, langue anglaise. Le mardi, le jeudi, le same langue allemande.

Petit Collége.

ÉTUDE	CLASSE	ÉTUDE
r LA CLASSE DU SOIR.	DU SOIR.	AVANT LE SOUPER.

ÈME.

.ndi, le mardi. le jeudi, .redi, leçons grecques et .tion des auteurs. .nercredi , le samedi , .e.	Le lundi, le mardi, le jeudi, le vendredi, langue grecque. Le mercredi et le samedi, promenade.	Le lundi, le mardi, le jeudi. le vendredi, devoirs dictés par les professeurs, musique vocale. Le mercredi , danse. Le samedi, géographie ancienne.

ÈME.

.undi, le mardi, le jeudi, .redi, leçons grecques et ation des auteurs. .mercredi , le samedi , .e.	Le lundi, le mardi, le jeudi, le vendredi, langue grecque. Le mercredi et le samedi, promenade.	Le lundi, le mardi, le jeudi, le vendredi, devoirs dictés par les professeurs, musique vocale. Le mercredi, danse. Le samedi, géographie moderne.

.ME.

.undi, le mardi, le jeudi, .iredi, leçons grecques et .ation des auteurs. .mercredi , le samedi , .e et calcul.	Le lundi, le mardi, le jeudi, le vendredi, langue grecque. Le mercredi et le samedi, promenade.	Le lundi, le mardi, le jeudi, le vendredi, devoirs dictés par les professeurs. Le mercredi, musique vocale et danse. Le samedi, rédaction de la leçon de géographie historique.

UIÈME.

.lundi, le mardi, le jeudi, .dredi, leçons grecques et .ation des auteurs. .nercredi, le samedi, des-	Le lundi, le mardi, le jeudi, le vendredi, langue grecque. Le mercredi, le samedi, pro- menade.	Le lundi, le mardi, le jeudi, le vendredi, devoirs dictés par les professeurs. Le mercredi, musique vocale et danse. Le samedi , rédaction de la leçon d'histoire ancienne.

.RIÈME.

.lundi, le mardi, le jeudi, .dredi, leçons grecques et .ation des auteurs. .mercredi , le samedi , ..	Le lundi, le mardi. le jeudi, le vendredi, langue grecque. Le mercredi , le samedi , promenade.	Le lundi, le mardi, le jeudi, le vendredi, devoirs dictés par les professeurs. Le mercredi, musique vocale et danse. Le samedi , rédaction de la leçon d'histoire romaine.

Tableau général des étu[...]

ÉTUDE AVANT LE DÉJEUNER.	CLASSE DU MATIN.	ÉTUDE AVANT LE DINER.
		CLASSE
Le lundi, le mardi, le jeudi, le vendredi, leçons latines, leçons françaises, et préparations des auteurs. Le mercredi, le samedi, achèvement des devoirs dictés par les professeurs.	Le lundi, le mardi, le jeudi, le vendredi. langue latine. Le mercredi, composition. Le samedi, histoire du moyen âge.	Le lundi, le jeudi, la[...] allemande. Le mardi, le vendredi, [...] gue anglaise. Le mercredi, le samedi, [...] métrie simplifiée.
		CLASSE
Idem.	Le lundi, le mardi. le jeudi, le vendredi, langue latine. Le mercredi, composition. Le samedi, histoire moderne.	Le lundi, le jeudi, co[...] graphie. Le mardi, le vendredi, [...] gue allemande. Le mercredi, le san[...] langue anglaise.
		CLASSE
Idem.	Le lundi, le mardi, le jeudi, le vendredi, langue latine. Le mercredi, composition. Le samedi, résumé d'histoire générale.	Le lundi, le jeudi, la[...] anglaise. Le mardi, le vendredi, [...] toire naturelle. Le mercredi, le sam[...] langue allemande.
		PREMIÈRE AN[...]
Tous les jours, travail relatif aux mathématiques.	Le lundi, le mardi, le jeudi, le vendredi, le samedi, mathématiques. Le mercredi, composition.	Tous les jours, rédac[...] de mathématiques.
		SECONDE AN[...]
Idem.	Le lundi, le mardi, le jeudi, le vendredi. le samedi, mathématiques. Le mercredi, composition.	Tous les jours, rédac[...] de mathématiques.

Grand Collége.

ÉTUDE LA CLASSE DU SOIR.	CLASSE DU SOIR.	ÉTUDE AVANT LE SOUPER.
..ÈME.		
..ndi, le mardi, le jeudi, ..redi, leçons grecques, ..ration des auteurs. ..mercredi, le samedi,	Le lundi, le mardi, le jeudi, le vendredi, langue grecque. Le mercredi, le samedi, promenade.	Le lundi, le mardi, le jeudi, le vendredi, devoirs dictés par les professeurs. Le mercredi, escrime. Le samedi, rédaction de la leçon d'histoire du moyen âge.
..DE.		
..ndi, le mardi, le jeudi, ..redi, leçons grecques, ..ration des auteurs. ..mercredi, le samedi,	Le lundi, le mardi, le jeudi, le vendredi, langue grecque. Le mercredi, le samedi, promenade.	Le lundi, le mardi, le jeudi, le vendredi, devoirs dictés par les professeurs. Le mercredi, escrime. Le samedi, rédaction de la leçon d'histoire moderne.
..RIQUE.		
..ndi, le mardi, le jeudi, ..redi, leçons grecques, ..ration des auteurs. ..mercredi, le samedi,	Le lundi, le mardi, le jeudi, le vendredi, langue grecque. Le mercredi, le samedi, promenade.	Le lundi, le mardi, le jeudi, le vendredi, devoirs dictés par les professeurs. Le mercredi, escrime. Le samedi, rédaction du Résumé d'histoire générale.
..CIENCES.		
..ndi, le mardi, le jeudi, ..redi, travail relatif à ..sophie. ..mercredi, le samedi,	Le lundi, le mardi, le jeudi, le vendredi, philosophie. Le mercredi, le samedi, promenade.	Le lundi, le mardi, le jeudi, le vendredi, rédaction de philosophie. Le mercredi, escrime. Le samedi, revue des rédactions de la semaine.
..CIENCES.		
..ndi, le mardi, le jeudi, ..redi, travail relatif aux ..s physiques. ..mercredi, le samedi,	Le lundi, le mardi, le jeudi, le vendredi, sciences physiques. Le mercredi, le samedi, promenade.	Le lundi, le mardi, le jeudi, le vendredi, rédaction des leçons de sciences physiques. Le mercredi, escrime. Le samedi, revue des rédactions de la semaine.

Table des Matières.

Pages.

CHAPITRE III. — Enseignement.

FIN DE LA TABLE.

PLAN D'UN COLLÉGE NOUVEAU DIVISÉ EN GRAND ET PETIT COLLÉGE.

Plan du rez de chaussée.

Pl. 1.

RENVOIS.

Petit Collége.	Grand Collége.
a Réfectoire avec escalier descendant à la cuisine.	A Réfectoire avec escalier descendant à la cuisine.
b Grand escalier.	B Grand escalier.
c Classe de huitième.	C Classe de troisième.
d Classe de septième.	D Classe de seconde.
e Classe de sixième.	E Classe de réthorique.
f Classe de cinquième.	F Classe des sciences 1re année.
g Classe de quatrième.	G Classe des sciences 2e année.
h Logement de l'aumonier.	H Logement de l'aumonier.
i Salle de dessin et dépôt.	I Salle de dessin et dépôt.
k Salle de retenue.	K Salle de retenue.
l Salle de réunion.	L Salle de réunion.
m Salles de répétition.	M Salles de répétition.
n Latrines extérieures.	N Latrines extérieures.
o Jeux gymnastiques.	O Jeux gymnastiques.
p Petit escalier de service.	P Petit escalier de service.

Parties communes aux deux Collèges.

1 Chapelle.
2 Réfectoire des professeurs.
3 Bains et dépendances.
4 Escalier de l'infirmerie.
5 Latrines intérieures.
6 Lingerie et dépendances.
7 Escalier de service.
8 Latrines réservées.
9 Réservoir et chaudières.

10 Écurie, vacherie et remise, au dessus logemens des gens de service.
11 Buanderie, bûchers &c.
12 Concierge.
13 Cours des classes.
14 Allée servant de promenoir pour les professeurs.
15 Cours latérales.
16 Avant-cour.

Nota. Les cuisines et dépendances sont placées dans le soubassement au dessous des réfectoires on y descend par les grands escaliers et pour le service extérieur par les petits escaliers dont les entrées sont dans les cours latérales.

Echelle de ... Pieds.

Lassus architecte del.

Hibon sc.

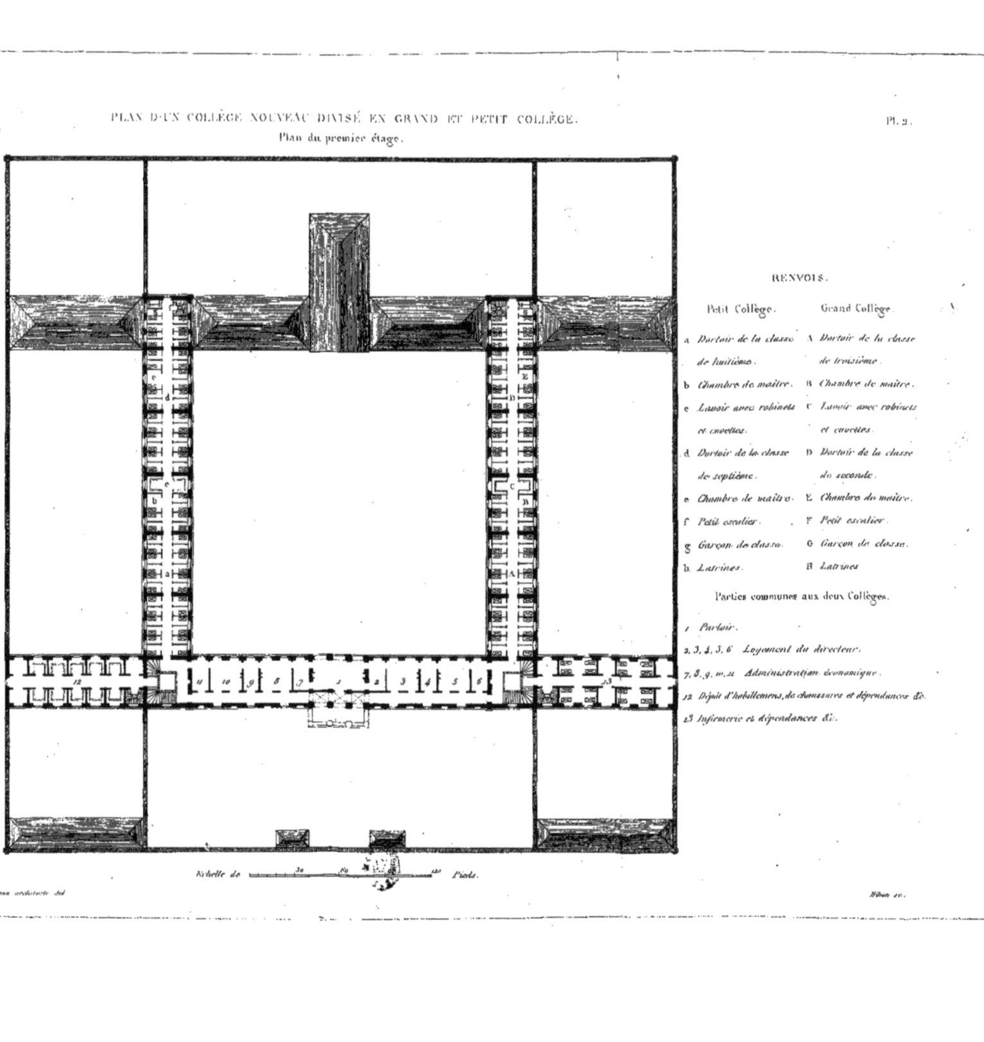

RENVOIS.

Petit Collège.   Grand Collège.

a Dortoir de la classe   A Dortoir de la classe
   de huitième.   de troisième.
b Chambre de maître.   B Chambre de maître.
c Lavoir avec robinets   C Lavoir avec robinets
   et cuvettes.   et cuvettes.
d Dortoir de la classe   D Dortoir de la classe
   de septième.   de seconde.
e Chambre de maître.   E Chambre de maître.
f Petit escalier.   F Petit escalier.
g Garçon de classe.   G Garçon de classe.
h Latrines.   H Latrines

        Parties communes aux deux Collèges.

1   Parloir.
2, 3, 4, 5, 6   Logement du directeur.
7, 8, 9, 10, 11   Administration économique.
12 Dépôt d'habillemens, de chaussures et dépendances &c.
13 Infirmerie et dépendances &c.

Échelle de   30   60   120   Pieds.

Lussan architecte del.

PLAN D'UN COLLÈGE NOUVEAU DIVISÉ EN GRAND ET PETIT COLLÉGE.

Plan du deuxième étage.

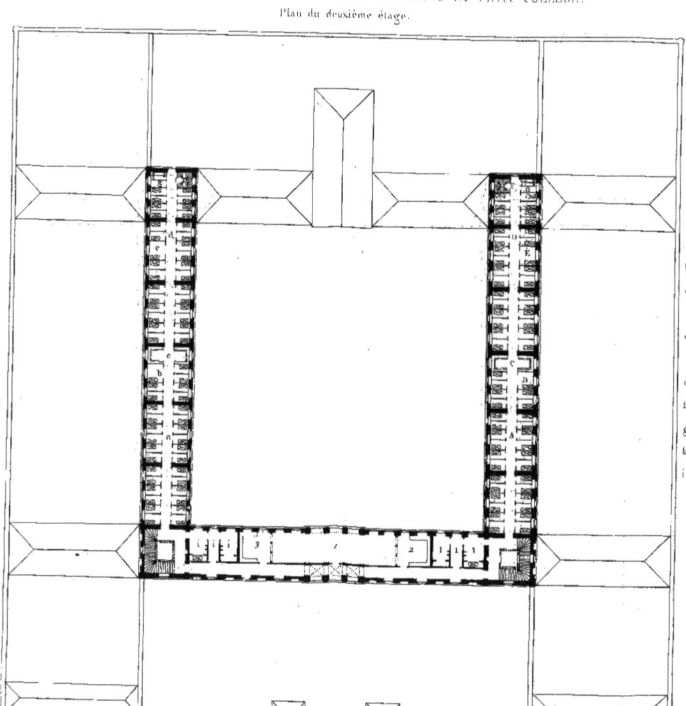

RENVOIS.

Petit Collège.	Grand Collège.
a Dortoir de la classe de sixième.	A Dortoir de la classe de rhétorique.
b Chambre de maître.	B Chambre de maître.
c Lavoir avec robinets et cuvettes.	C Lavoir avec robinets et cuvettes.
d Dortoir de la classe de cinquième.	D Dortoir de la classe des sciences 1re année.
e Chambre de maître.	E Chambre de maître.
f Petit escalier.	F Petit escalier.
g Garçon de classe.	G Garçon de classe.
h Latrines.	H Latrines.
i Logement du sous-direct.r du petit collège.	I Logement du sous-direct.r du grand collège.

Parties communes aux deux Collèges.

1 Bibliothèque.

2 Cabinet de Physique.

3 Cabinet d'histoire naturelle.

Échelle de [illegible] Pieds.

Lassus architecte del.

Hibon sc.

Plan du troisième étage.

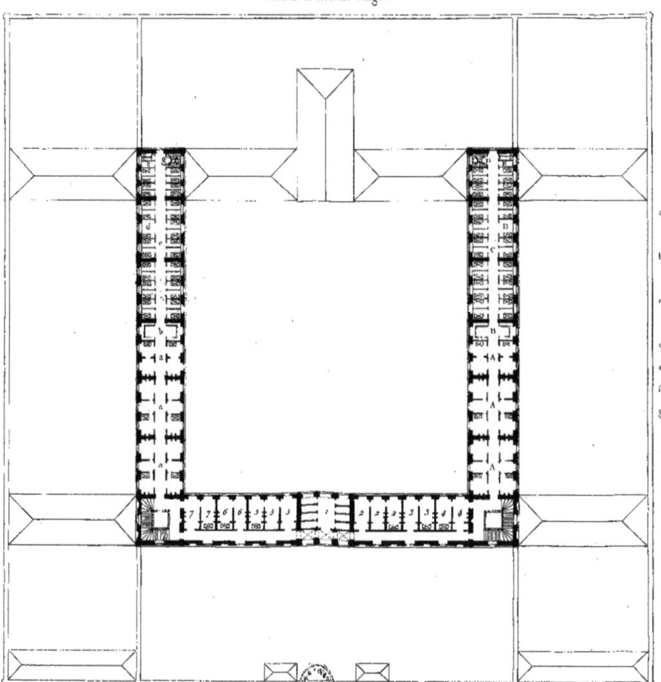

RENVOIS.

Petit Collège.	Grand Collège.
a Logemens de professeurs et maîtres.	A Logemens de professeurs et maîtres.
b Lavoir avec robinets et cuvettes.	B Lavoir avec robinets et cuvettes.
c Dortoir de la classe de quatrième.	C Dortoir de la classe des sciences 2ᵉ année.
d Chambre de maître.	D Chambre de maître.
e Garçon de classe.	E Garçon de classe.
f Latrines.	F Latrines.
g Petit escalier.	G Petit escalier.

Parties communes aux deux Collèges.

1 Chambres d'arrêt divisées en deux parties.

2, 3, 4 Logemens de professeurs.

5, 6, 7 Logemens de professeurs.

Echelle de　　　　　　　Pieds.

Lassus architecte del.　　　　　　　Hibon sc.

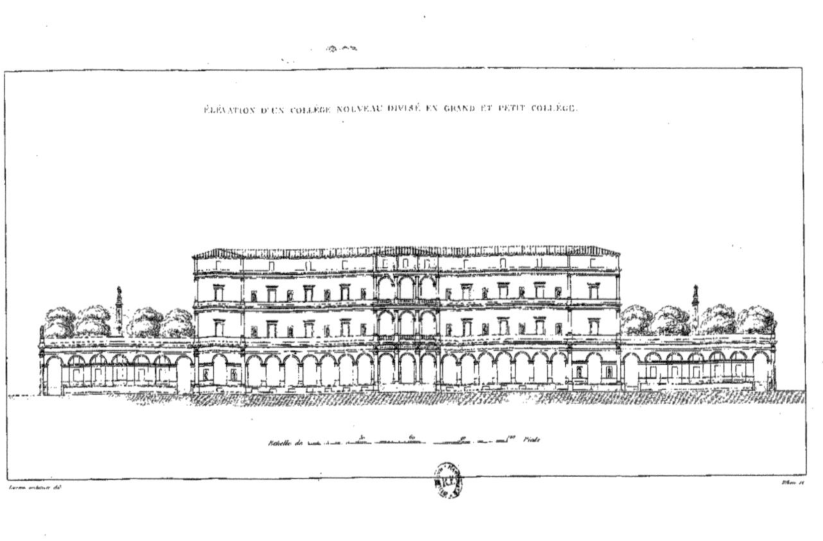
ÉLÉVATION D'UN COLLÈGE NOUVEAU DIVISÉ EN GRAND ET PETIT COLLÈGE.